创意"龚"作心得报告

Chuangyi "Gong" Zuo Xinde Baogao

龚大中 著

河南大学出版社
HENAN UNIVERSITY PRESS

·郑州·

图书在版编目（CIP）数据

创意"龚"作心得报告/龚大中著. -- 郑州：河南大学出版社, 2024.8. -- ISBN 978-7-5649-6040-7

Ⅰ.F713.81

中国国家版本馆CIP数据核字第2024SV8215号

策　　划	马元珍　李亚涛
责任编辑	席　兵
责任校对	赵海霞
装帧设计	高枫叶　白　杰

出版发行	河南大学出版社
	地址：郑州市郑东新区商务外环中华大厦2401号
	邮编：450046
	电话：0371-86059701（营销发行中心）
	网址：hupress.henu.edu.cn
印　　刷	河南印之星印务有限公司
版　　次	2024年8月第1版
印　　次	2024年8月第1次印刷
开　　本	890 mm×1 240 mm　1/32
印　　张	9.75
字　　数	205千字
定　　价	78.00元

（本书如有印装质量问题，请与河南大学出版社联系调换。）

重磅推荐

韦棠梦　Chris Reitermann　奥美亚太暨大中华区首席执行官
达邦WPP集团中国总裁

在我的职业生涯中，我成长于一个充满创意巨人的环境，各种代理商和相关业务都是由这些创意巨人所创建和打造的。他们将培育创造力视为至高无上的使命，赋予了他们所代表的代理商明确的宗旨和独特的文化。他们让整个行业相信，创意的力量能够改变世界。

如今市场环境的改变呈现快速化、碎片化、社交化，这让我怀念过去那美好的时光。这些创意巨人渐渐成为稀缺动物，而代理商则面临着失去立足之本的危机——就是以大胆的创意助力客户的业务构建及增长，并实现有影响力的变革。

大中就是这些众多创意巨人中的一员，他是这么地热爱自己的工作，并以他对创意的热情感染了周遭的人们。阅读他的书籍是极好的提醒，让我们不忘初心，并对这份工作投入热爱及信念。只要我们拥有这些，我们必能战无不胜。

叶明桂　桂爷品牌策划创始人

这本书是大中亲身体验的生活笔记，背后是一生专业淬炼的心得分享。大中是在奥美长大的红细胞，绝对正宗奥美的信徒，从基层干起，一直做到如今台北奥美的创意最高领导。他是个有故事的人，也是最会说故事的人，是一个有天分又努力的真正创意人。他出书的目的就是乐于分享，他在大陆出版的初衷就是想分享给更多的人。台湾创作者有独特的风格与口味，读者值得买这本书品尝一下台湾创意人的味道，特别推荐！

苏秋萍　华文广告教父

我看的书不多，广告的书看得更少，国内一大堆的"广告宝典"就更别说了，但这本书我会看！

许统杰　上海阳狮群执行创意总监

蓝战士诞生于1988年德国Wolfsburg，它是一架Volkswagen GOLF 二代 GTI。2002年在台北的我被有故事超能力的大中说得一时兴起，买来开着玩。因为当时室友文胜最爱的乐队叫蓝战士，觉得这个名字不错就给它命了名。2004年，我要去上海，把蓝战士托给了大中。

没想到，大中到今天还把已经36岁的老车当作宝贝一样开。他爱蓝战士，照顾它，为它写歌，为它写故事，为它拍片，为它庆生……

大中就是这样一个人，对热爱的事物近乎疯狂，却又如此纯粹专一。这也是他对待创意工作的方式。

阅读这本《创意"龚"作心得报告》，我仿佛又回到了20年前在台北奥美的日子，四傻（大中、凤娌、Kurt和我）天天加班，打手足球一晚也没想出什么好点子。被ECD Murphy杀掉一地，但又不服气拼命干，一起想怎么说服老板、怎么卖稿，似懂非懂但又热爱这份工作。那段日子是我最快乐、最单纯的创意时光。

大中，还是那个大中。

感谢他把多年来的创意经历和观点总结起来，让我们和他一起单纯地、真诚地、热爱地、任性地做个创意吧。

杨飞　瑞幸咖啡联合创始人、首席增长官、《流量池》作者

和大中老师相识多年，有过诸多交集，他就是那个传说中比你更有创意天分，还比你更努力的人。有他这样优秀的创意合作伙伴，实在有幸！能读到这本《创意"龚"作心得报告》，你我皆有幸！

周华安　胜加集团CCO

我是在广告行业里一路走走看看长大的。这个行业有它独特的地质环境。我曾经勘探过很多地貌，比如纽约BBDO、波特兰W+K、洛杉矶TBWA、伦敦adam&eve等等，它们都有各自标志性的岩层与风景，而其中，台湾奥美绝对是你不容错过的一个地标。无数精彩的华文广告与人物在这里前赴后继地出现。虽然并不认识大中老师，但他的作品就是100%台湾奥美广告的标本，也因此绝对值得有兴趣的你取样研究。这个行业的地壳正在前所未有地涌动和重构，而穿越地表走向深处的探寻，反而变得更为重要。

丁和珍　好好想想创始人

看完大中老师的这本《创意"粪"作心得报告》，第一感觉是感动，继而羡慕嫉妒。在这个速生速朽的时代，能20年如一日坚持做创意，实属难能可贵；能在20年间不断产出好作品，绝对凤毛麟角；而能20年一直相信并践行自己的创意标准，实在惊为天人。这是每个想做、正在做、不懂怎么做、不知道该不该做创意的人，都应该读的一本书。

朱海良　奥美上海集团执行创意总监

我有两个小小的发现。

一是发现好的创意人，人们总是通过他的作品，知道这个人。和大中虽然都在奥美的大家庭里，但在认识他本人之前，早就认识了他的作品。

二是发现好的创意人都很擅长讲故事，因为广告是关乎人的行业，越懂人的创意人就越会讲故事。大中说想写一本工具书，写着写着写成了故事书，每个故事都很好看。

自序 | 把身为创意人的幸运，分享出去

可以拥有"创意人"这样的身份，把"创意"当成一份糊口谋生（或者说虎口求生）的工作，让我一直觉得自己是个十分幸运的人。

这大概是我十八岁读高三时开始的梦想，我考进辅大广告系，毕业、退伍之后，像中乐透彩一样进入奥美广告从实习文案开始了我的创意生涯。然后我变成文案、副创意总监、创意总监、群创意总监，一直到我想都没想过的执行创意总监、创意长。看似平步青云、幸运顺遂，其实不然，过程中虽然没有什么值得记录书写的丰功伟业，但在我所记得的、印象中的每个片刻、阶段，都是非常非常艰困而痛苦的，这跟工作量的多寡、时间的长短、待遇的高低无关，而是创意工作的本质。坦白说，那种追求完美的、自寻烦恼的、不放过自己的、可怕的创意人的天性，一直压得我喘不过气，经常思考着要不要干脆放弃算了。

说起来跟我最爱的跑步很像，即使每天十公里跑了不知道多少年、多少趟，每次出去跑步，在吸吸吐、吸吸吐，就要喘不过气的路上，心里还是无可避免地有着要不要就此停下来的挣扎。好险，我没有放弃，于是，我得以享受跑步带给我的乐趣和好处；好险，在创意的路上，我也没有放弃，于是，我得以享受身为一

个创意人的幸运。我有幸可以让脑海中的种种想象变成现实,被看见,被讨论;我有幸为我的客户、我喜爱的品牌创作,让人们可以跟我一样喜爱他们/它们;我有幸借由一则又一则广告,向消费者推荐那些美好的商品和服务;我有幸说着故事,传递我相信的态度和价值观,滔滔不绝;我有幸让我生活的社会、我存在的世界,因为我的想法而变得更美好,哪怕只是一点点都好;我有幸跟那么多出色、优秀的伙伴一起工作,他们是杰出的客服、杰出的策略、杰出的制片、杰出的导演,还有比我更杰出的广告创意人。

  当然,我之所以能成为现在这样幸运的我,还要感谢一路上太多太多的人无私地伸出援手,或者不求回报地教导我。而这也成为此刻的我最想做的事情之一,就是尽我所能去帮助和曾经的我一样,对创意工作怀抱热情、渴望,却带着某些迷惘和不确定的年轻"新血"。我想,这或许是报答发生在我身上的幸运和那些有恩于我的人的最好的方法。

  所以在我工作届满20年的时候,决定写这本以前一直觉得难为情,或者"有什么好扯淡的?"而迟迟无法动笔的书。我想做一个类似段落句号的暂时总结,一个关于知识和经验尽可能的整理打包,一个尝试存放某些有价值或意义事物的纪念仪式,一个可以没有保留地被分享、自由取得的创作文本。把我所获得的,关于创意的所知、所学、所想、所感,通通传递给需要和想要的人。

我常被问到"创意是怎么来的？"*Eat Pray Love* 的作者 Elizabeth Gilbert 说创意并非来自人类，而是有个创意之神从遥不可知的地方，为了遥不可知的理由走向人类，一直暗中协助我们创作。创意人就像一个容器，装盛着上天赋予的神圣而不可知的意旨；创意人也像一个载体，负责执行他所托付的任务和要我们诉说的故事。我深深相信甚至迷恋这种说法，从事创作的人，都应该懂得惜福，学会感恩，乐于分享，才不枉费上天对我们如此特别的眷顾。愿创意之神继续保佑你我，帮助你我，一起创作出像花一般美丽而庄严的作品。

出版说明

本书原版于 2023 年 1 月在中国台湾出版，原书名为《创意龚作心得报告》，其中"龚作"为"工作"的谐音，取作者龚大中的"龚"姓代替"工"，以实现书名关联作者信息的设计思路。

鉴于作者不同于大陆语言风格的实际情况，在编校的过程中，本着不影响大陆读者阅读理解的原则，尽量保持原版的表述特色。同时，书中所出现的英文单词、缩写字母词、英文语句等，由于相对专业或小众，甚至有的未有统一或标准翻译，为保证全书体例一致，故未括注中文释义。

目录

起源 / 001

01. 相信自己正与神同行 / 002
02. 创意在你心中那个小孩子手中 / 003
03. 创意力,源自创意"欲"和"team" / 005
04. 创意是可以训练的,真的 / 006
05. 不要放下,要放入自我 / 008
06. 还有时间,就有更好的可能 / 010

入门 / 013

07. 让我成为广告人的那份病历 / 014
08. 问题不是你适不适合,而是你有多想 / 016
09. 没有作品,不会自己做喔? / 018
10. 除了创意你还要搞懂的事 / 020
11. 一时烂,不代表永远烂 / 021
12. 整理作品集,就要断舍离 / 023

观点 / 025

13. 幽默感很重要，为什么？/ 026
14. 反映潮流，还是创造潮流？/ 027
15. 人要有理想，品牌要有大理想 / 028
16. 别说微电影，那叫巨广告 / 030
17. 救救那些被科技绑架的创意吧！/ 032
18. 不想做广告？这样做就对了！/ 034

创作 / 037

19. 告诉你一个神秘的地方 / 038
20. 准备好你的专属仪式 / 040
21. 人生是一趟找资料的旅程 / 042
22. 基于事实的夸大 / 044
23. 其实就是换句话说那么简单 / 046
24. 理性与感性 / 048
25. 对不起，我们不是搞笑创意人 / 050
26. 让"顿悟"更容易发生 / 054
27. 天马行空没什么，拥抱限制才厉害 / 056
28. 创作，就是不只创，还要做 / 058
29. 遇见 100% 的女孩 / 059
30. 不要等到你的创意变成别人的得奖作品 / 064

方法 / 067

31. 在创作之前先创作你的创作方法 / 068
32. 最大的问题，可能是没有问题 / 070
33. 不管步骤有几个，都请记得加一个 / 071
34. 是旧元素新组合，更是寻找关联性 / 073
35. Concept Idea Material / 075
36. 做好平面广告的方法叫减法 / 077
37. 有本事，就正面对决 / 079
38. 定做一个你要的 BRIEF / 080
39. just DO it / 082
40. 这个下午我们只做一件事 / 085

共想 / 087

41. 尊重业务，追随策略 / 088
42. 创作一个大平台，让所有人进来一起创作 / 090
43. 只是雇用比你强大的人还不够 / 091
44. 整个世界都是我的创意部 / 093
45. 拳怕少壮，姜敬老辣 / 094
46. 创意来了，你第一个想说给谁听？ / 096
47. 创意生命中最重要的他和她 / 097

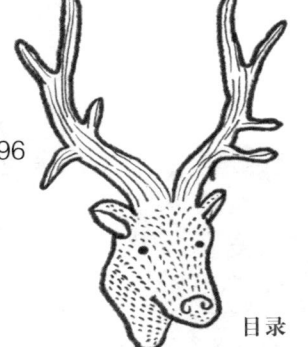

标 准 / 101

48. 找到创意的"5 号出口" / 102
49. 我们是不是太容易放过自己了? / 104
50. 请记得有时候还是要放过自己! / 106
51. 魔鬼藏在细节里 / 108
52. 得不得奖,真的很重要,也一点都不重要 / 110
53. 成功的开始是勇于与众不同 / 112
54. 当蜜蜂绕着我的下巴飞,我知道我已离岸不远 / 114

养 分 / 117

55. 我也在和你们竞争 / 118
56. 吸了不要忘了吐,吐了更不要忘了吸 / 120
57. 问自己一百个问题还不够 / 121
58. 《大智若鱼》教我说的故事 / 123
59. "坐下,工作"或者"坐下,让奇迹发生" / 125
60. 做一个有观点的人 / 126
61. / / / 只有广告没办法走得太远 / 128
62. 两点间最近的距离不是直线 / 130
63. 别只跟导演合作,向他们学习 / 132

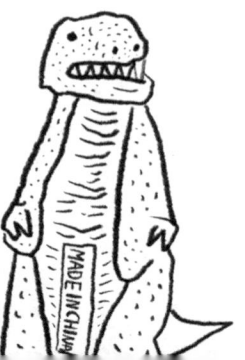

意义 / 137

64. 寻找一种叫作意义的东西 / 138
65. 用你的幸运去做些有意义的事 / 140
66. Marketing for People 创意为人 / 142
67. 我把广告当成一个中年男子与社会的对话 / 145
68. 广告之"美"从何而来？/ 147
69. 比广告还要多一点的什么 / 149

老派 / 151

70. 学着把挫折当饭吃 / 152
71. 我们正在做罗斯福不做总统最想做的工作 / 153
72. 我不打领带，但我心里有条红领带 / 155
73. 全联先生三十周年纪念 / 157
74. 做久了，就是你的 / 159

叛逆 / 161

75. "这样不好吧？"嗯，就是它了！/ 162
76. 勇敢向成功模式说不 / 164
77. 为什么别人的广告比较好？因为你不敢呀！/ 166
78. 拥抱小数据 / 167
79. 别被社群冲昏头，去接触真的人 / 168
80. 我们正一起走在去死的路上？/ 170

反省 / 175

81. 你是谁，看你的创意就知道了 / 176
82. 自作孽不可活 / 177
83. 太认真就输了 / 178
84. 没有烂客户，只有不会做的烂创意 / 180
85. 创意无限，有所不为 / 182
86. 客户在说，你有没有在听？ / 184
87. We Are What We Do / 186

撰文 / 187

88. 广告文案不是文学 / 188
89. 只有文案，才能写出文案 / 189
90. 一直写一直写一直写 / 190
91. 先求对，再求好 / 192
92. 标题只有一句，我想贪心一点 / 193
93. Body Copy 是文案精心设的局 / 194
94. 小心双关，讨厌谐音 / 196
95. 写给消费者的情书 / 198
96. 演员的自我修养 / 199
97. 好文案前面不用加资深，就是写好文案 / 201

影片 / 203

98. 做好广告影片的关键是……时间 / 204
99. 监拍的时候，想象"如果我是导演……" / 206
100. 你对配乐应该要很有意见 / 208
101. 最适合的对象，是最爱你的那个人 / 210
102. 老天爷给的，就是最好的天气 / 212
103. 上帝写的脚本 / 214
104. 影片不死 / 215
105. Film Your Case / 218

提案 / 221

106. 只有你能保护你的创意 / 222
107. 不是让别人喜欢，是让别人知道你为什么喜欢 / 224
108. 一个 idea 我们只卖三次？/ 226
109. 有自信点，他不笑并不代表不好笑 / 228
110. 请勿创造现实扭曲力场 / 230
111. 提案基本礼仪须知 / 232
112. 关于提案的 11 个 tips / 234

吉光 / 237

113. 比喻真是高级的表达技术呀！/ 238
114. 你不想，我想做广告 / 240
115. 你不 own，难道要让给别人 own？/ 242
116. 跟客户当好朋友 / 243
117. 愿意开始教，就会有所学 / 245
118. 尽力赢得比稿，输了一样很好 / 246
119. 剔除杂质，专注本质 / 248
120. 红色巨兽奥格威龙的启示 / 249
121. 我害怕阅读太多的创意人 / 251
122. 左手持矛，右手拿盾。WHY NOT？/ 253

做人 / 255

123. 在听你的之前，先听话 / 256
124. 我不再抽烟，也不再喝酒 / 258
125. 在世界的中心呼喊快乐 / 260
126. 存好心，备好料，做好事，加好友 / 262
127. 诚实是最上策，也是最好的品格 / 263
128. 必须比新闻还真实的例外 / 265
129. 有容乃大创意 / 267

相信 / 269

130. 你的创意会带你去你想去的地方 / 270
131. 连最小的细节也打死不退让 / 271
132. 敬，伟大的客户 / 273
133. 搞清楚你的广告是做给谁看的 / 275
134. 天天跑步，是我的创意诀窍 / 276
135. 浪漫 / 278
136. 创意部该有的样子 / 280
137. 谁想要改变世界？我！ / 283
138. 从头到尾我都是一个做创意的 / 285

起源

创意到底是从哪儿来的？我也一直很想知道。

01 | 相信自己正与神同行

我相信创意之神的存在。

《享受吧！一个人的旅行》作者伊莉莎白·吉尔伯特在TED有一场名为《与天才携手创作》的演讲中提到，古希腊罗马时代的人们相信创意并非来自人类，而是一种具有神性的幽灵Genius，这是"天才"真正的原意。

我在拍摄多喝水十五影展短片《跳舞吧 牧牧》时，就曾遇上他出手帮忙，解决了包括演员、音乐、舞蹈、灯光、时间、天气……一千个不可能拍好的难题，让我甚至觉得片子好像不是我拍的。饰演爷爷的阿美族长老形容那是HANA HODOOL，美丽而庄严的神，"愿所有成就、荣耀归于马拉道（意思等同感谢主）"。

在创作中有太多太多无法解释的天分、灵感和机遇，疯狂而变化无常，如果说一切来自上天，真是绝对成立的完美解答。是的，你得学会与他共处，做出好作品时，别骄傲自满，那不只是你的功劳；不小心搞砸时，也别沮丧自责，可能就怪他有点偷懒。

好人有好报，从事创作的人，一定要好好做人，善良而认真地生活，谦卑而努力地工作，好的创意自然会降临你身上。相信创意之神会继续保佑你，这样的感觉让你变得放松、自在，更有吸引力……我说的是，吸引点子找上你的正能量。

02 | 创意在你心中那个小孩子手中

　　小时候的我不喜欢打电子游戏（现在还是），而且也不是很爱跟大伙儿一起玩，最常做的事就是一个人在房间围上披风拿着宝剑幻想各式各样武侠争斗和英雄打怪的情节，或者操控公仔演出我支配主宰的宇宙和荒诞至极的神话。那些精彩绝伦、天马行空而且源源不绝的鬼点子，应该是我最富有创造力的人生巅峰。

　　长大之后呢？虽然很多人觉得我没有长大，幼稚、天真、孩子气是经常用在我身上的形容词，但我自己知道，现在的我比起当年的我，差了一大截。创意在哪里？它在你心中那个小孩手中！所以因为从事创意工作的关系，我一直理直气壮地努力让自己更幼稚、更天真、更孩子气。

　　印度奥美要求每一个进入他们办公室的人都必须签下这个保证书：

我就此辞去成人一职

我决定重新负起六岁小孩的责任。
我要扬帆渡过泥塘，掷水荡漾起阵阵涟漪。
我相信糖果比钱好，因为糖果可以吃。

我小歇时踢儿童足球,上美术课画水彩画。

我要再跟妹妹打架,扯她的马尾辫。

我要再因为打破妈妈的宝贝花瓶觉得害怕。

我要回到生活简单,只有色彩、加法、乘法表和儿歌的时候。

那时我还不知道现在所有的事情。

我要相信世界公平,每个人都是好人。

我要相信什么事都有可能。

我要天真地相信大家都快乐,因为我快乐。

我要再一次走在沙滩上,只想着趾间踏的沙,和将要找到的美丽贝壳。

我要再一次整个下午爬树骑单车,想着长大以后要干什么,而不是这个计划砸掉怎么办。

我要再次简单……是的,简单过日子。

我不要整天想着坏消息,想着超支的日子怎么过,医生账单、流言蜚语、病痛缠身和失去所爱的人。

我要相信微笑、拥抱、温暖话语、真实、梦想和公平、公义、爱、想象力、人类、耶诞老公公、小仙子和亲吻的力量。

我相信妈妈是世上最强最聪明的人。

我要再一次变成六岁。

_____ (签名)

难怪这间办公室的创意那么强。

03 | 创意力，源自创意"欲"和"team"

接受采访时常被问到这个问题："有没有遇到过创意瓶颈、想不出东西的时候？"我的答案是："没有。"真的没有耶。

某次有幸跟从小崇拜的音乐诗人、创作才子陈升大哥喝酒聊天，他的说法是："怎么可能想不到 IDEA？每天打开报纸那么多有的没的光怪陆离新鲜事……"也是很有道理。

我则是觉得想不想得出东西跟创意力无关，重要的是创作的欲望，"你想创作"和"你为什么想创作"才是关键。套用 Simon Sinek 的黄金圈（The Golden Circle）法则就是创意人的 why，你必须找到它。"你为什么要做创意？"我经常问自己这个问题，"想让自己被看见""想满足得广告奖的虚荣心""想帮品牌发光发热""想感动人心，哭或笑，改变态度或影响行为""想创造一种叫作意义的东西""想造福人类甚至拯救世界"……每个时期的答案不尽相同，但只要有 why，知道自己为何而创，保有欲望，自然就会想方设法、无所不用其极地找到力量。

另外一个绝对不会没有创意力的原因是，创意是百分之百的 team work，是团队战，就算你真的没有创意、想不出来或陷入低潮时，请记得，你的队友都在，你有 team，怕什么？

04 | 创意是可以训练的，真的

创意能训练吗？当然！为什么这么肯定？因为我有证据。

在康复保健科候诊看到杂志诱人的封面故事《有钱人的大脑秘密》，一读才发现不是教你变有钱，而是大脑发育的科学真相。人们一直以为大脑神经元细胞在出生前或后不久就固定了，但科学家发现掌管洞察、归纳、推理的前额叶其实 25 岁才发育完成，且即使神经元数量固定后，人类过了 25 岁仍然能借由学习刺激脑力，也就是强化神经元间的联结。BBC 纪录片 *The Human Mind* 以登山者穿越两山间的峡谷比喻，第一次查英文生字时，就像把带绳索的钢锚抛向对岸，细绳索穿起两个神经元（例如苹果和 apple），重复多次，称为轴突的神经元联结处表面的髓鞘质强化，通路就会从绳索变吊桥、变大桥、变高速公路，之后看到单字就能不假思索地反应。如果我们在脑中持续建构四通八达的条条大路，就能大量且快速地运用、串接、联想各种存放在神经元的知识、经验、记忆。

创意的原理，不就是旧元素新组合，在看似不相干的事物间寻找关联性的"搭桥"吗？正巧跟大脑成长的模式完全相符！科学家也发现所谓"三思而后行""触类旁通"或"举一反三"其实就是多接触、多练习、多思考，刺激大脑的联结，打造周密灵活的思虑，前提是学习必须够宽够深。据说读很多书的孙大伟学长最神的是，不管想说什么，都能立马从浩瀚书海中取出一本，翻到那页给你看，大概就是这个道理。

至于要如何训练创意，答案很明确，就是一直想、用力想、拼命想，不断尝试任何可能的联想，直到变成最强的创意为止。

05 | 不要放下，要放入自我

eBay《蟠龙花瓶篇》的唐先生原来是澳洲人，奥美当年的ECD Mark Birman父母的故事，竟被我们变成台湾最火的广告，实在太神奇了。所以我有样学样，开始把自己身上的东西，放进客户的作品里。

多喝水《暧昧篇》是初中时期跟暗恋对象的第一次约会，Waterman圆了我当超人和做音乐两个白日梦，全联《找不到》就在我家附近经常路过都没发现的那间店，省还要更省的福利卡《蛋卷篇》来自预官新训邻兵教的天才吃法，媚登峰母亲节《戒指篇》要感谢妈妈在客厅向全家展示那些戴不下的戒指（为了让我爸送她新的），伏冒鼻炎锭《塞车篇》是去冲浪的北二高速公路上看起来像极了鼻孔的隧道口，五月天《第二人生》MV里有我的中年危机和狂想，还有，全体几十位演员都是我朋友……

这些作品从销售数字、观众回响、网络声量、媒体评价到得奖，成绩都十分亮眼，也让我食髓知味，一而再、再而三地变本加厉，甚至想创意时干脆先想"我想做什么？"同时我也不断思考：为什么这样做会有用？

我得到的答案是：每个人拥有不同的经历、见识、记忆、情感、想象甚至欲望，那些都是上帝放在我们身上的独特礼物，只要能通过联结、转换的技术，准确且"负责任地"找到它们跟brief的关联性，就能创造出既深刻又与众不同而且能帮助客户（一定要）的好作品。这个世界很大，但别小看自己。

用广告创意说自己的故事，真的好吗？真的很好，不要客气。

06 还有时间，就有更好的可能

创意人和作业员最大的差别在于，你是把事情做完就好，还是不停尝试做得更好。

只要还有时间，作品就永远不算完成，你必须一直试、反复改，寻找更好的可能性。在讨论前修改想法，在提案前修改稿子，在执行前修改脚本，一边拍摄一边修改情节，在剪接时修改结构，在上片前修改标语，在项目结束后还继续修改作品集……其实你不用"必须"，真正的创意人，尤其是那些优秀的，天生就会这样，甚至像强迫症一样无法控制自己。

我的第一任 partner 黄维俊阿俊师经常凌晨三四点还没回家，在黑漆漆的创意部盯着发光的屏幕"做稿子"，为了义气我会等他，但大部分的时间都在睡觉。他跟我说过，他进奥美工作的第一天遇上大名鼎鼎的创意总监"董哥"董家庆要他排版远传 IF 卡的 layout，排好之后他请董哥过来看一下，然后董哥就坐在他后面"大一点""小一点""高一点""低一点""左边一点""靠右一点""黄多一点""再绿一点"……从中午十二点一直调到晚上十点，只为了让那张小卡片更好看一点，十点的时候董哥看了看表跟他说"我再看一下你原来的版本"，紧皱眉头思考许久后终于有了结论——"还是你原本做得最好。"阿俊没有生气，反而佩服董哥,除了追求精益求精,还有能放下面子坦承还是原本最好的气度。

你适合做创意吗?你是好创意吗?这是最简单的基本测验。

入门

有了好的（也可能是不好的）开始，然后呢？

07 | 让我成为广告人的那份病历

我曾经看过湘云房间地上堆了一叠差不多到大腿高度的简历，心想那些被埋没其中的人好可怜，大概是得不到面试机会了。一份与众不同的独特简历能帮助你拿到入行的门票，最起码你要证明自己适合做广告，而简历不就是你为自己做的广告吗？

我从空军退伍之后怕没经验找不到创意的工作，一开始想先应聘 AE，我在 104 下载了一份简历模板表花了老半天填写完成，默默关心的老爸偷看之后却跟我说："你的简历有点无聊，要不要考虑重写一份？"于是我踩刹车没寄出，决定等去美国玩一个月回来再说。在纽约时我踏上麦迪逊大道朝圣，燃起了既然想做创意就直接从创意找起的胆识，返台后我动手制作"创意的"简历。

那是一份病历，精神病院的病历，一位多重人格分裂患者病情获得控制后出院想找广告文案的工作，病历表就是简历表，上头有两个已知存在的身份，左边是理智、逻辑、冷静、内敛的龚大中，右侧是感性、跳跃、热情、外放的龚三四，一千五百字的病史等于自传，还有院长龚红中以专业立场背书这类型病友非常适合做创意的推荐信，院名"技安"是我的英文名 Giant，整个格式、字体、编排、牛皮信封通通考究的医院文件做得跟真的一样。我亲自将病历送去十间广告公司，结果竟然得到了五个面试机会，麦肯的人事主管打电话给我的时候支支吾吾地问我到底是不是神经病，广告前辈范可钦和张伟能打赌我是真的还是装的有病，最后我被奥美录取成为文案。据说那份病历后来还被当年麦肯的ECD"老甘"甘哲源拿去当成"如何准备一份好简历"演讲时的最佳范例。

我还有一个idea没用到，就是寄十三张麻将到广告公司：一万、九万、一条、九条、一筒、九筒、东风、南风、西风、北风、发财和两张白板，告诉他们正听着十三幺的大牌，想和就缺我这张大"中"。可惜一旦成功入行之后就不需要再做简历了，你的作品就是最好的简历。

08 | 问题不是你适不适合，而是你有多想

因为教书的关系，我常常听到很多年轻人对做广告创意这件事情举棋难定、犹豫不决，最大的问题就是"我不知道自己到底适不适合做创意"，接着他们会问我最难的一题："大中你觉得我适合做创意吗？"或者"什么样的人适合做创意？"你问我我问谁？难道要我占卜吗？

我入行的第一年，妈妈被朋友带去关西见某位摸骨神算，自己的未来没多问，倒是问了她最心疼的宝贝儿子到底适不适合做广告。神算的回答是："请你儿子三思，他走这途，一事无成。"为了表现自信还全程录音为证，妈妈回来忧心忡忡地放给我听，我把它当放屁，原因是我爸跟我说，他当上校的时候也被带去关西见某位摸骨神算，得到他不会升将军，就算升将军也注定意外死亡的铁口直断，他当场用浙江话问候神算的老母，头也不回地扬长而去，后来他升了将军，而且活到快九十岁。

抱歉有点离题了，我要说的不是要不要相信算命（特别是关西摸骨神算），而是关于你想前去的方向，从来就没有适不适合的问题，或者会不会成功的计算，真正的关键是，你到底有多想！乔布斯被苹果开除的时候，没有去想自己能不能改变世界；李安赋闲在家等待每个周末老婆带全家去吃麦当劳的日子，没有去想

自己适不适合拍电影；贝多芬 39 岁听力开始衰退之后，没有去想自己是否还够资格创作音乐……他们在想的应该都是"我就是真的好想喔"。

所以不要再问这问题了，再问，只会让我觉得你根本没有那么想。

09 | 没有作品，不会自己做喔？

学生爱问的另一题是，想当创意但没作品怎么应聘工作？或者是刚入行不久的新鲜人也会问，还没做出什么好作品要怎么争取新工作？

我都会很有耐心地回答："没有作品没关系呀，可以试着自己做喔。"（很抱歉，真的没办法，也不是故意的，心里的OS其实是："没有作品，不会自己做喔？"）这个问题有这么难吗？或者这算是一个问题吗？

令人景仰的David龚念完Art Center去英国广告界找工作，所谓的作品集，就是几张自己发想的创意草稿，而且为了怕别人发现他很会画脚本或插画，还刻意画得很丑，重点是想法够好，能传达清楚就好。而事实上这些作品，还是他毕业后先在美国公司上班那一整年，天天随机找商品想点子画稿子，周末有空就跑图书馆看One Show作品集和各种广告书，不断挑战创作更多更好的idea，"自己做"出来的。无独有偶，我找工作的时候也是，除了几件学生时期的作业，还有一些我自己画的草稿（不用刻意就特别丑），而且当年奥美的创意总监李永喆面试我时，聊的都是那几张丑不拉几的东西。

用不着天天，只要周周找一个品牌或商品，帮它想一个你觉得比它原本更好的创意，画下来或者写下来，半年之后你会有26件作品，一年之后52件，从里面挑出最好的5件，你就有作品集了！

10 | 除了创意你还要搞懂的事

我念广告系的时候,有位舒尔茨教授在西北大学开了整合营销传播的硕士课程,并出了一本以此为名的书,看完之后我明白这将是未来趋势,也确定这里头所有的事我唯一想做的只有创意。

于是我在大二升大三的暑假跑去伟达公关实习,隔年夏天又申请了汎太国际的活动营销部门,不是因为我喜欢,而是知道自己以后一定不会做公关和活动。我大概一直都是用这样的态度看待创意之外的领域,我很清楚在 IMC 的分工与合作中,除了创意,我还必须搞懂它们。

喜欢自创名词的奥美管整合营销传播叫 360 度,基本上是一样的东西,当年的 ECD"老杜"杜致成还曾开谐音玩笑说:"三百六十度,老子没法度。"据说得到女王庄淑芬回应:"三百六十度,不能少你这一杜。"创意人员不能再只懂创意、专注于创意、活在创意的世界,从公关、活动、直效、顾客关系、媒体、数字、社群、KOL、电商到沉浸式体验,甚至从业务、预算、策略、市调到客户生意,你也许不用是专家,但懂得越多对你保证越好,因为这些都将成为你上战场时可以运用的招式、兵器和心法。

11 | 一时烂，不代表永远烂

真的很不好意思这样说自己……有些媒体、报道形容我是创意天才、鬼才甚至奇才……但我要说的是，我真的不是，甚至一开始真的跟泥一样烂。

记得大二升大三的时候想获得时报金犊奖，我把做好的平面稿拿去给自称"老狼"的林荣观老师签名却惨遭拒绝，他说这种东西拿出去是丢人现眼，丢他也丢系上的脸，还端出金句说我不成器，足以证明我原本有多烂。因为这样的奇耻大辱（当然也可能是林老师用心良苦的激将法），隔年大三升大四我们铆足全力，目标不是得奖，而是一定要让老师觉得有面子，心甘情愿帮我们签名，结果不只如此，多喝水的《领药篇》拿到影片类的金犊奖。这个励志故事证明了不管原本多烂，只要认真、肯拼，都可能变不烂。

创意是可以进步的，我很幸运，在大学时期就确定了这件事。而入行之后，更是目睹周遭许多创意地才麻雀变凤凰的励志故事（当然也不乏凤凰变麻雀的负面教材），我自己也经历过从连时报、4A 都无法入围到拿下 One Show 金铅笔的奇幻旅程。

没有人天生会做创意，所有的厉害作品、广告奖项都不是理所当然，你必须懂得面对那个很烂的自己，相信只要用功、学习、尝试，明天起床你就会脱胎换骨变成创意高手，而且不用担心，你会一直有机会（这是这行最辛苦也最美好的地方）。

我在纽约拿到 One Show 金铅笔之后带着它去了华尔街，像十多年前那样买了街边餐车的牛肉三明治，坐在联邦国家纪念堂的阶梯上望着纽约证交所发呆，当年那个连学生竞赛都被老师拒绝签名，很想做创意却不确定有没有广告公司愿意用我的菜鸟新人，现在是口袋里有热腾腾金铅笔的奥美执行创意总监。一时烂，不代表永远烂，我想起已故的恩师林荣观，谢谢他说我不成器。

12 | 整理作品集，就要断舍离

有些人以为作品集就是把做过的东西通通放进去，忠实呈现创作生涯的完整历程，或者想要强调全面性，生怕别人不知道自己做过这个、做过那个，事实上，许多东西没被看见反而比较好。

我退伍后找工作时，第一个面试机会是去汎太国际，面试官是 art base 的资深创意总监陈启阳前辈，我的大学同学蔡明丁和我一前一后进入他的办公室接受震撼教育般炮火四射的无情洗礼。我给启阳看的第一个作品是得金犊奖的多喝水《领药篇》影片，第二个作品是我自己画的防晒油吸血鬼系列平面 sketch，之后就是我大学时期几乎所有能看的创意作业和参赛作品，加起来总共十件，开头还有微笑的他越看越气，一路骂到都不知道要骂什么了。一阵沉默后他告诉我看完前两件作品本来打算要录用我的，但从第三件作品开始，每一件都在帮我扣分，扣到他想叫我滚出他房间。"其实你的作品集只要放那两件就好了。"这是他最后的结论和忠告。后来我去奥美面试时，就把作品精减到五件，不确定是不是因为这个关系，我和丁丁都顺利得到 offer。

长得很像 Ben Stiller 而且一样深具喜感的澳洲人 ECD Mark Birman 离开台湾前为大家做的最后一件事就是"整理作品集"，每个创意轮流带着作品集跟他进行一小时一对一的讨论，他的方法是，只留下五件最好的作品，然后交代我们每一年重新检视，有没有新的作品够格放进去，但要记得每加入一件新的就必须移出一件旧的，只许心狠不准手软，让作品集里永远保持最好的五件。感谢 Mark，虽然跟他已经失去联络，但他的方法却一直跟着我，受用无穷。

观点

对太阳下的每件事都要有看法,更何况是自己在做的事。

13 | 幽默感很重要,为什么?

每次看泰国广告都好佩服,为什么泰国的创意那么好笑?泰国人真的比较幽默吗?我还曾经大量吃泰国菜,想说会不会变得比较幽默一点。除了民族的乐天本性,后来听泰国的创意朋友说才知道,整个泰国的广告圈都在追求好笑,连客户都会给压力"绝对不能比竞争对手不好笑",这样的行业风气也很重要。

为什么很多经典的广告都是幽默的、让人会心一笑的?第一个,是创意必须能"动人",那么想想广告影片的秒数限制,如果你只有 30 秒,甚至 15 秒,让一个人哭还是笑比较简单?答案应该很清楚(不过现在由于网络媒体的秒数规格,赚人热泪的长片兴起,就另当别论了)。第二个,是品牌必须给人好感,那么再去想想一个让你哭的还是笑的推销员会比较受欢迎?答案应该也很清楚(当然,利用人们的恻隐之心、怜悯之情有时也十分奏效)。女孩子不是也都比较喜欢跟幽默的、会让她笑的人在一起吗?

不过,不管是黑猫还是白猫,能抓到老鼠的就是好猫。不管让人哭或让人笑,能感动人的就是好广告。

14 | 反映潮流，还是创造潮流？

虽然这跟鸡生蛋，蛋生鸡的道理差不多难解，但真要比起来，我还是希望自己能做到后者。

这个世界永远不缺跟风者，去做起风那一个，甚至逆风都好。当人们用力划水逐潮，你要站在浪头上，仔细观察、预判下一波；大家都在解决相同问题的时候，你可以发明一个新问题，而且最好只有你能搞定它。

这大概就是为什么多喝水在对 Y 世代不满足于做自己的洞察下，不去重现角色扮演的网络现象，却更进一步创造"角色交流协会"的真实体验。全联福利中心明明知道年轻人觉得节俭美德很八股，偏偏还是要用时尚感、文青风把它包装成"经济美学"，让省钱重新变潮。中元节的习俗源自台湾社会对鬼的敬畏甚至害怕，我们做的不是像以前那样又拜又保佑求心安，而是颠覆传统告诉大家不要怕鬼要爱鬼，欢迎他们、款待他们，还要跟他们交朋友，拥抱普度的美意……

某次采访时与《500 辑》的总编辑钱钦青聊到藤原浩和方序中，她说他们都是时代的"弄潮人"。实在很喜欢也好羡慕这样的形容词喔！

15 人要有理想，品牌要有大理想

大卫·奥格威曾说："除非你的广告源自'大创意'，否则它就像黑夜中驶过汪洋的船只，无人知晓。"Big Idea 大创意一直都是奥美的一块神主牌。

若干年后有人在后面加上一个 L 变成 Big IdeaL，我们称之为品牌大理想。它赋予品牌价值、态度、精神甚至灵魂，让品牌不只被喜欢、认同，更进一步被人们尊敬。前奥美集团董事长白崇亮白博士这样描述品牌大理想："是一种以品牌的理性利益点为基础，但却超越单纯理性诉求的价值观系统，驱动品牌的所作所为，并吸引更广大的支持者。"首席策略顾问叶明桂阿桂（后来晋升"桂爷"）更是大理想的信徒和专家，他主导过无数场工作坊，协助客户通过"文化张力"和"品牌真我"两大构架，发掘品牌与社会文化联结的最佳特质，为品牌结晶出那句专属的大理想：

"_____ 品牌相信，如果 _____，世界会变得更美好。"

简单说就是依据类别、属性，找到品牌存在于这世上，能够对人类、社会有所帮助的远大目标，拥抱它、相信它，然后用尽全力宣扬它、实践它。多芬从销售更多肥皂转向为女性提供更多呵护，最后业绩五年内增长 100%。福特的股东控告亨利·福特未将股东利益放在首位，他一心一意致力于汽车大众化的更高使命，最后却为公司创造了更多财富。默克药厂始终铭记"医药是为了造福人群"，辉瑞的目标则是"竭尽所能追求获利、成长"，最后默克的市占率却是辉瑞的两倍，业绩更高出十倍以上。品牌大理想看似无关获利，但在利人的同时，往往能达到利己的效果，奥美 Global 要我们这样苦劝客户："这件事听来吊诡，却是千真万确，你越不想要从中获取利润，最后越能够赚大钱。"

我喜欢 Big IdeaL 胜过 Big Idea，它让资本主义下的商业客户可以像电影《无间道》里陈永仁高喊着"我想做好人"一样做个好品牌，可以名正言顺、正大光明地做好事，最后还可以带来好生意。

可口可乐相信，如果每个人都能分享快乐和爱，世界会变得更美好。

多芬相信，如果每个女人都能喜欢自己天生的样子，世界会变得更美好。

全联相信，如果每个人都能用合理价格买到好东西，世界会变得更美好。

多喝水相信，如果每个年轻人都能没事多喝水多做好事，世界会变得更美好。

⋯⋯⋯⋯⋯⋯

想象一下，如果每个品牌都能拥有大理想，世界会变得多美好！

16 | 别说微电影，那叫巨广告

2001—2002 年 BMW 的 *The Hire* 系列，八支大约 6 到 10 分钟的短片，由 Clive Owen 饰演灵魂要角 driver，找来李安、王家卫、Tony Scott、Guy Ritchie 等大导演执导，把媒体预算通通挪来拍片，制作超高规格又极具娱乐性的网络影片吸引消费者主动观看，获得空前成功。

后来大家有样学样，其中不乏画虎不成的例子，长秒网络影片渐成市场显学，因为有足够时间酝酿情感，常被拿来说感动人心的故事，许多人称它"微电影"。

某位药商客户也跟我说："大中我们来搞个微电影好吗？""你知道什么是微电影吗？"我很严肃地回答，并解释定义，"微电影是一种微型的电影形式，以电影制作的规格，在相对短小的篇幅、有限的成本和精简的配置下，去完成部分或接近完整的情节故事，通常是导演或片商为长片试拍或募资时的创作。"（我有先查过资料。）

没多久广告公会又邀我在广告年鉴撰写关于台湾广告微电影风潮的文章，我不认同却无法婉拒，最后写了一篇《微电影 VS 巨广告》。大概在说微电影终究是电影，电影有电影的高度、目的、文化与艺术价值；而广告就是广告，有商业企图、品牌诉求，当然也具备时代或社会意义。我无法将两者混为一谈。

跟"广告不是文学"的意思差不多，如果你想拍电影，那就去拍电影，既然要做广告，就好好做广告，不管是3分钟、8分钟、16分钟或更长，都称不上微电影，充其量只是一个篇幅比较长的巨广告，你必须搞清楚自己在干什么。

The Hire 那一年在戛纳广告节因为没有相应类别，连参赛都无法，坎城为此增设了 Titanium Lion，来鼓励在想法、规格、形式上创新突破而无法归类的作品，后来则演变出品牌娱乐内容的类别，有品牌营销目的的影音娱乐内容，这样定义就清楚多了。

17 救救那些被科技绑架的创意吧！

数字、社群、媒体、行动装置、大数据、AR/VR/MR、AI、物联网、区块链、NFT 和元宇宙等日新月异的科技成为趋势、显学，绑架了人类的生活和未来，在广告营销传播这个领域，也跟风慢慢出现了"被科技绑架的创意"。

许多人把技术、模块或版位当成创意在卖，许多人仅凭科技表现去想创意，还有许多人以为创意就是在发明新技术、产品或服务。我参与 D&AD 评审时就曾针对几个很受大家青睐，但我认为是纯科技发明的作品发言挖苦说："我有点搞不清楚我们是在这里评 D&AD 还是德国的 iF 设计奖。"

当戛纳创意节陶醉在 Innovation 的蜜糖并大量设置相关新奖项的时候，我很幸运听到巴西人 Luiz Sanches 在地下室 Masterclass 遇见大师系列的演讲 WHY IDEA IS THE REAL INNOVATION，既是拨乱反正的提醒，也是叛逆反骨的抗议，真正的重点是创意好吗？

奥美成立 CE&C（Customer Engagement & Commerce）数位部门时，说是要以科技为创意赋能，我更认为应该是以创意为科技赋能，最起码也是双向对等的相互驱动，我们还为此举办了一系列"When Creative Meets CE&C"的工作坊。汉堡王的经典案

例 *Whopper Detour* 被拿出来讨论，通过 location-based 的 Beacon 系统推送促销讯息的技术很容易被想成"只要经过汉堡王附近就可以接收皇堡只要一分钱美金的 e-coupon"，但遇上厉害的创意人却变成"想得到皇堡的优惠可以，你必须跑去竞争对手麦当劳方圆两百公尺的范围内"，真的好找打……既存的简单科技被赋能成为引爆话题、带动销售而且获奖无数的聪明点子。

最近看到以创意为科技赋能最棒的例子是印度奥美为 Cadbury 做的 Shah Rukh Khan-My-Ad，通过 AI 人脸辨识和机器学习，大企业无私分享自己的广告内容，大明星无私分享自己的肖像声音，供街头巷尾成千上万间不可能有资源找代言人拍片的小店家无偿使用，帮助他们在后疫情时代提振生意，原本备受造假和欺骗等道德争议的 Deepfake 深伪技术竟能有如此正向的应用，完美演绎"慷慨大方"的品牌精神，不只三赢，更为印度赢得第一座戛纳钛狮奖。

18 | 不想做广告？这样做就对了！

罗斯福曾说："不做总统，就做广告人。"别怀疑，他的脑袋没问题。1997 年 *Cheers* 杂志调查大学生最想进入的企业，在台积电、宏碁、联电、台塑、中钢这五间市值上千亿的大公司之后排名第六的就是奥美广告。在那个年代广告是能创造文化、引领潮流，令人向往的伟大行业。

现在呢？如果你想从事创意工作，除了钱少、事多又让人觉得离家好远的广告公司，有更多的选项摊在你的面前；而传统（或者说老土）的 TVC、PRINT 也早已式微，你有更多的可能性，用不同的方式、媒介让世界听见你的声音……结论就是，嗯，你不想做广告。

但你知道吗，我也不想。不瞒你说，我们试着不做广告已经很久了，从 2009 年发行 *Waterman* 首张个人专辑，2012 年为多喝水 15 岁策划十五影展，2014 年设计一系列《YAHOO 好时光行动配件》，2015 年和各县市小学生一起 DIY《＃我的未来我来救》儿童防毒面具，2016 年《咖希部湾》用塑胶回收垃圾打造成兰屿新兴景点，并以赛道烧胎屑为基底帮 Mercedes-Benz 调出《速度的味道》限定古龙水，2017 年举办多喝水 COOLYMPIC 超越无聊极限运动会，2018 年在夜市开设史上第一间 IKEA 百元商店，

2020年邀请台湾传统鬼怪和年轻世代展开中元世纪对谈，号召网友共创IKEA动森在线型录，还与新锐设计师ANGUS CHIANG和VOGUE合作发表世上第一套跨越性别的《UNI-FORM无限制服》……你还觉得我们只是在做广告吗？我们不想做广告，至少不想再只做那些人们以为像奥美一样的广告公司每天在做的传统广告。

我们早已不是广告公司！我们的生意是创意，我们的工作是创作，我们创造各种与社会对话的可能，去传递价值，去解决问题，去影响人心，去改变行为，试着让世界更美好，就算只是好一点点也很好。我们是大思想家、大艺术家、大娱乐家、大发明家，我们不只是一间新创公司，我们每天都可能创造新的公司。

也许广告已死，从2018年台湾奥美进行One Ogilvy的整合以来，甚至连"奥美广告"这名号都已不复存在。但请相信，它会化身为成千上万种形态样貌继续存在下去，继续改变社会，继续创造意义，继续伟大。

有人说过："最好的广告，就是不像广告的广告。"不想做广告？这样做就对了！

创作

比起创意，我更喜欢这样形容手上这份工作。

19 | 告诉你一个神秘的地方

我很喜欢去一个"地方"创作,那里有点难抵达,有时甚至找不到。但只要到了那个地方,源源不绝的创造力就会找到我,带领我做出一件又一件连自己都惊讶的作品,叫人乐不思蜀、流连忘返。

我记得在那里,我的思绪澄澈清明,我感到躁动和兴奋却异常冷静,我是全神贯注的,连时间都忘记了,空气里好多灵感飘浮着任我抓取,我在记忆、现实与想象之间自由穿梭,可以任意地跳跃联想,也可以从某个点下潜探究进去……我想那或许就是所谓的化境吧!

所以找点子之前,记得先找到那个地方的入口。就像关于创意的事物总是充满迷人的神秘感,每个人、每一次进入的路径和经验既不尽相同也难以预知,听音乐、焚香、打坐入定、先慢跑、冰冲咖啡、绿色植物、一盏灯、手帕椅、跟谁一起、阳光射入的角度……都有可能,不一定是某个空间、环境,更多的是某种心情、状态或氛围。跟想创意可以训练一样(就是一直想一直想),找入口也可以(就是一直找一直找)。如果你有意识在做这件事,有一天你会拿到一张属于你的优先通行证,注意喔,只是优先,不保证一定能通行。

我的一号入口是办公室房间的门关起来，用 PHILCO 真空管收音机改装成的蓝牙音响放 Simone White 或 Scott Matthew。二号入口是威尔贝克狭窄走道尽头角落的高脚桌椅，点一杯热卡布，冒着烟。2021 年 4 月我跑去恒春红气球书屋参与"驻春计划"写《迷物森林》和这本书的起头，其实也是为了前往那个地方，众里寻它几经周折，总算在老街上"小间珈琲"的木框窗边，下午阳光斜洒进来的宁静座位，找到一处安稳又可靠的入口。

20 | 准备好你的专属仪式

如果你在乎你的工作，视"想创意"为一件神圣的事，那么就请为进行的事前或当下，发展出属于你的某种"仪式"。

就像棒球场上投手登板时绝对不能踩线，或者打者棒子画三圈再指向天空才准备挥击。我看过有创意人戴红色的帽子，有人用特定的一支钢笔，有人爱吃泰国料理，有人从静坐冥想开始，有人先沐浴更衣，有人不刮胡子，有人听固定的歌曲，有人会面向东方……可能跟时间、位置、行为、习惯或物件有关。

久石让和村上春树都喜欢固定在白天尤其是早上创作，海明威总是坐在巴黎圣日耳曼德佩广场双偶咖啡窗边的位子写稿，我大学的老师邱顺应写文案时会在桌前放一辆模型消防车随时准备救援他。我的话，就是要保持桌面整洁，然后把举目可及的所有东西排列整齐，还有威尔贝克咖啡南京店细长走道尽头的狭窄高脚桌椅也孕育了我四本书大部分的内容。

别以为这是迷信，仪式的存在其实是创造自信。仪式是怎么形成的？从各个尝试或巧合开始，如果第一次得到好结果，就会有第二次、第三次，如果持续有效，就会慢慢变成固定模式，因为你发现、觉得、知道并且确信，这么做能"去到那个地方"找出好点子，这根本就是通过科学实验培养自信的过程。

广告大师 Jack Foster 说:"常有点子的人,知道点子就在那里,他们相信找得到它。不常有点子的人不确定点子会在哪里,他们就不确定能不能找到它。"相信很重要,那让人觉得安全,充满能量。所以仪式,的确有其必要。

21 | 人生是一趟找资料的旅程

想创意,第一件事就是找资料,以前我们喜欢去诚品找,现在年轻人习惯上网络找。

我将创意工作的资料二分成特定的跟广泛的,或者临时的跟日常的,指的是因客户或项目而去搜集的相关情报和平时就在涉猎、汲取的知识涵养。前者有其必要,后者更是重要,换句话说就是"书到用时方恨少"的老调,还有勤烧香跟抱佛脚的残忍对照。

因为工作的关系,我成为过空气污染专家、3C 达人、汽车权威、美容教主、理财百科、品酒大师……为了想国泰人寿的平面,我们花了一星期的时间,一对一面访了三十位保险业务员。做 Wagamama 泡面广告的时候,我看完好几套日本拉面漫画,两周的午餐、晚餐都是跟 partner 去不同的拉面店吃面。写 NIKE《相信王建民》的文案倒是什么都不用准备,因为拥有棒球魂、身为死忠球迷的我几乎看过他每一篇报道、每一场比赛、每一颗投球。

创造内容之前,必须装填自身的内容物,而且你永远不知道哪一天、哪一个看过的东西会在哪一个案子派上用场。所以讲得夸张一点,在你成为创意人的同时,你的人生就注定将在找资料中度过。好处是,不管读书、看电影、追剧、听 Podcast、上

IG、滑脸书、逛街、旅行、跑步甚至谈恋爱，都能大摇大摆说"我在找资料"。

还有一种分法是二手的跟一手的，指的是别人整理分享的和亲身经历体验的。我个人也是比较推后者，尤其是如果有时间的话，拜托不要再上网找资料了，去现场，你会看见比 8K 更好的画质，聆听纯正的立体声，摸到而不是想象质感，还有闻了真的会流口水的味道。

22 | 基于事实的夸大

电影《大智若鱼》最后父亲葬礼时原本以为全是他杜撰虚构的故事角色一一现身，那些人物的确存在，不过巨人没有两层楼高而是两百厘米，双生名伶姊妹并非连体而是一般双胞胎……为了营造戏剧张力和效果，许多事情都被父亲添油加醋夸大了，不过一切却依然植基于事实，这和广告创意的本质不谋而合。

"广告都是骗人的。"很不好意思，某种程度上，这应该是大众普遍的认识。没有人会相信广告是真的，所以一旦来到广告时段，或者置身广告的版面、环境，消费者自然就会进入一种接下来他看到、听到的都是"广告效果"（假的）的预期心态。这一点非常重要，它代表消费者和创意人之间的一种默契，极其微妙，意思是我们被允许用夸张的情节去骗人……啊，不对，是娱乐他们。懂得善用这个不好说的潜规则，就能打开广告天马行空充满想象力的创意空间。但请记得，那必须是"基于事实的夸大"，来自品牌、产品、服务，真实且有依据的利益点或价值、精神、主张，否则就真的变成了"不实广告"。

题外话，新闻工作则恰恰相反，必须是百分之百的真实，报道者和阅听人之间存在着不容挑战的约定，任何的放大、扭曲都是罪，当然也没有戏剧、娱乐这回事，话虽如此，现在的新闻却不知为何往往比广告还假。

　　言归正传，我曾经看过一个美国电视购物节目，主持人把自己粘在摄影棚天花板上介绍、推销那档超强快干胶的功效，我相信没有观众会傻到以为真的能把自己粘上去，但他们会觉得好玩、有趣，然后记住这个什么胶的应该真的很管用，大概就是这个道理了。

23 | 其实就是换句话说那么简单

创意是广告的核心，但说穿了，其实就是将结晶而成的策略讯息，转换成打动人心的文字、画面或故事。再简单一点说，就是换句话说，或者换个方式说。

我们做奔驰 S-Class 广告的时候，由于是顶级车款，策略给的交棒点是 Ultimate Car，意即终极之车。创意的转换是，那有了这台车岂不是就没有别的想要了？我记得是小薛哥 Rich 的 idea，老板停好车进办公室，一群员工替他惊喜庆生要他 make a wish，他一直想到蜡烛都快烧完了还是想不出有任何愿望，镜头回到他的车，是 S-Class，结语"夫复何求"就是 Ultimate Car 的换句话说。

全联福利中心要推福利卡，千分之三红利反馈跟其他卡没啥不同，特别的是，本来就那么便宜了，还多给你这些好处，"省上加省"是策略确定的 what to say。创意的转换是，已经省到最高点了却还能往上再省一点！我们的 idea 是"全联省钱教室"示范各种省钱小窍门，当你以为不能更省的时候，拿出全联福利卡，刮挤出牙膏里的最后一点、将桌上的蛋卷碎屑一网打尽或者盖住洗发精瓶口倒过来静置一小时……结语"省还要更省，请用全联福利卡"就是省上加省的换句话说。

  我们平常不是就常常在"换句话说……"吗?这样说起来,其实一点也不简单的创意,是不是就变得其实也还蛮简单的?

24 | 理性与感性

创作爱立信一系列金城武代言的经典影片的 Canon 吴佳蓉算是我的第一个老板,虽然只有大概短短十天左右她就被调去运筹广告(今天的"我是大卫")了。在欢迎我的午餐谈话时她说我面试表现很好(我记得不就是轻松地聊天闲扯吗?),她和老杜、永喆都认为我是一个非常理性的人……听到这边,原本快飘起来的我瞬间被打落谷底,难过到饭都快吃不下了。"不是都说创意就是要感性、浪漫、天马行空、水平跳跃思考吗?"我心想完了,她的意思会不会是我不适合做创意转去当 AE 比较好?大概是看出我脸上的表情大变(应该也可以说表情很"大便"),她急忙解释:"你不要以为理性不好喔!做创意,理性也是非常重要的。"没用了,当时的我只觉得她在安慰我而已。

不过,从那天开始到现在做广告创意二十多年中的每一天,我都在体会并验证这句话:"做创意,理性也是非常重要的。"创意是寻找关联性,在旧元素新组合之间搭桥,让原本不相干的事物紧密联结,产生新的意念,靠的正是逻辑。从问题到解答,从策略到创意,从点子到素材,从商业到艺术,从灵感乍现到论述表达,从客户的品牌到你身上的能量、内容……所有的感性、浪漫、天马行空、水平跳跃思考,都必须植基在扎实牢固的理性、逻辑、周全缜密、垂直深度思考之上才有意义。

话虽如此，星座命盘、生命灵数和脉轮倒是都异口同声说我是一个完全用感性在做决定的人。哈，无论如何，我想创意的理性与感性，缺哪一块都不行。

25 | 对不起，我们不是搞笑创意人

"全联中元节广告超搞笑，请问无厘头的'鬼点子'怎么来的？"记者问。

我答："为了让中元节广告与众不同，我们在避谈鬼神的鬼月反其道回归普度真义'用善意款待无主的孤魂野鬼'，像在做公益，但对象是好兄弟，提升SP的品牌高度。idea是'原本可怕的鬼却被大家热情招待'，挑'贞子'和'杰森'是因为他们属于电影流行文化符号，可以淡化人们的恐惧和忌讳。导演罗景壬严谨拿捏恐怖与感动、好笑跟温暖间的分寸，并在细节处为片子加分……"

"喔，原来如此。"他原本兴奋的表情平静下来，看得出有点失望。我说："这样讲起来蛮无聊的对不对？"他不好意思地说："嘿嘿，有一点。"没办法，事实就是如此呀。

"全联的广告很恶搞、无厘头""这些创意人好会搞笑喔"……坦白说我一直对这类关于全联福利中心广告的评论很感冒。对我来说，所谓恶搞和无厘头是指没来由地胡乱出招，而搞笑则是装疯扮丑引人发噱，这样看全联广告不只有失公平，根本大错特错。打从一开始，全联所有的广告都是由客户、业务、策略、创意和导演，针对品牌定位、市场状况、消费者洞察和社会

氛围，拟定准确的传播信息，通过巧妙的创意转换并掌控调性，在审慎思考后才出手，每一招都其来有自，每一拳都命中要害。

2006年的《找不到》来自调研中发现消费者对全联的购物环境普遍感到不便，甚至有诸多诟病，在奥美和全联经营团队深入对话之后，才知道原来背后有着迫不得已的可爱原因，他们穷尽可能节省各种成本去压低售价，好让消费者得到真正实质的好处——买到便宜的东西。大家好像都误会全联了，那就用广告来告诉人们全联最实在经营理念："没有××，我们省下钱，给你更便宜的价格。"而第一个××挑了"醒目的招牌"。

然后我们想到，通路卖场不是都爱开旗舰店吗？如果用全联式的经营理念去开会长成什么样子？于是有了同年的第二支广告片，一间什么都没有的《豪华旗舰店》，类型化的店面简介脚本需要一个主持人，全联先生也从此诞生。

头两支广告空前成功，但销售成长到一定程度后就遇到瓶颈停滞了。奥美和客户一同通过访查找出问题症结：太便宜的价格让人怀疑质量，加上前身是军公教福利中心的历史包袱，坊间竟流传各式各样全联贩卖偷工减料、质量不佳次货的不实谣言。那年的广告有了清楚的目的和命题，要拨乱反正，向全世界澄清全联卖的东西与别人质量相当。我们运用眼见为凭的实证手法，针对米果、洗发水和面巾纸进行煞有其事的比较实验，明明是一模一样的东西，结果当然是"实验证明，便宜一样有好货"。这一年的突围，让客户对奥美和创意的价值更加信赖。

　　第三年传播主轴又回到卖场便宜省钱的本质，鼓励消费者要爱护新台币一千元里的小朋友和珍惜五百元钞票上的梅花鹿，来全联福利中心购物就是实践"爱惜金钱"的美德。隔年金融风暴来袭，我们却在苦日子里看到机会提倡"省钱运动"，用有趣的体操教学强调在全联购物的每一个动作都是省钱的运动，结果全联的生意和规模都在不景气中逆势成长。

　　2010年客户给的任务是冲刺全联福利卡的发卡量。虽然回馈的比率和一般卖场的千分之三大同小异，但全联的价格本来就比别人便宜，是这么便宜还能再省千分之三，于是策略找到"省上加省"的USP。我们推出"全联省钱教室"，示范各种省钱妙招，挤牙膏、吃蛋卷还有挖洗发水，在以为已经省到不能再省的时刻，福利卡会适时出现扮演神奇的关键角色，把省钱推到最高点，结语是："省还要更省，请用全联福利卡。"

　　这些"因为所以"里头，天马行空当然有，但更多的是纪律。每次都有清楚命题，创意人员必须遵守规则，想出独特的点子准确回答，并且严格管控用幽默、有趣而可靠的调子呈现。最后，观众就在哈哈大笑中，深刻接收到我们想说的，并转换成我们期待的行为。这也是之所以我们几乎每次都能在业绩上达成甚至超越预期目标的原因，全联的广告总是不只有趣，还非常有效。

做创意，逻辑思考很重要。我们是一支有纪律的部队，我们针对客户需求推演有效策略，我们重视 brief，我们严格检视创意产出是不是 on brief，但我们也要求自己做出创新、感动人心又具有影响力的好广告。

创意就是在策略讯息和看似不相干的表现内容（也许是一句话、一幅画面或一个故事）间寻找关联性，搭一座桥，逻辑思考才是真正的关键。而创意人员唯有先做到这件事，才可能把手上的题目和自己身上的创作能量联结，先把事情做对，桥搭得越牢，点子就可以跳得越远，然后才进入个人"才情"的比拼，看谁可以把事情做得更好。

严谨、规则和纪律，这些和创意很不搭调的字眼不断出现，因为精准而缜密的逻辑思考（讲第三次了）正是广告创意工作的本质，也是它和其他创意领域最大的不同。这样的不同，让广告创意比创意简单，因为我们有明确方向得以遵循，不必航行在幽暗的茫茫大海；但同时也让广告创意比创意困难，因为一切充满限制，我们得在夹缝中艰苦寻求挥洒空间。

虽然讲起来有些严肃，但身为一个广告创意人，我不得不说，基本上，这还是一份好玩的工作啦。

（本文是偷懒抄录我第二本书《当创意遇见创意》的部分内容，有兴趣的人欢迎去找来看完整版。）

26 | 让"顿悟"更容易发生

詹姆斯·韦伯·扬在《创意》中有提及，idea想到一个程度后，或者脑袋差不多打结了，就去放空，看电影，泡温泉，打篮球，做爱做的事都行，然后就会顿悟，想到好点子。我的经验好像也是这样，大部分的好创意，都是在我没在想创意的时候想到的，最常发生在跑步中。

所以干脆我们就放空好了，什么都不要做，等待顿悟……当然不是！也是来自"有钱人的大脑秘密"报道里的证据，美国西北大学的科学家利用大脑造影科技进行脑电波监测，发现受测者在苦思时颞叶的"前上颞回区域"活动明显增强，一直到某个时间点突然产出超高频脑电波，零点三秒后"顿悟"发生了。他们推测，整个过程就是促使大脑将看似不相干的信息集结，在其中找到先前没发现的联系，最后顿悟出答案。

也像是台积电创办人张忠谋先生在一次专访时说："半导体是很大的产业，受世界财经变化影响，一个知识系统是一个金字塔，我需要好几个金字塔，持续苦思，突然像灵光一闪，或灵机一现，产生洞察，然后就有创新、发明。"

所谓的放空，等待顿悟，其实是把所有该要输入的信息都上传完，所有可能联结的路径都尝试过，然后暂停下来，把工作交给大脑的潜意识，潜意识是会继续思考的，它会在某个时间点，给之前够努力的你答案。

顿悟，来自不停的思考。祝福你，也祝福我自己，希望它能在还来得及的时候找上我们。

27 | 天马行空没什么，拥抱限制才厉害

　　eBay 来台湾第一年拍了包括唐先生《蟠龙花瓶篇》在内的一共三支 TVC，制作费每支大概都是当年正常影片水平，三百多万台币。第二年客户要做购物安全保障，只需两支片，但预算加起来却大幅缩水到仅剩一百万。我的好友时任业务经理的林宗纬说客户之前待我们不薄，现在他们家道中落，我们没出手相助就是忘恩负义。埋怨也没用，创意团队决定埋头用力想，在这样的条件下，想到用拍卖网站相关的手指、木槌、纸箱等 icon 制作便宜的 Flash 动画再转成影片格式，最后我们要五毛给一块加码完成了四支。

　　我拿到生涯第一座 4A 创意奖金奖，类别是"最佳低成本广告奖"（由于后来比最低还有更低的行业困境，此奖项已取消），上台领奖时我说："感谢客户 eBay 给我们这么少的钱，让我们可以做出这系列广告……"

　　大部分的人以为创意就是要天马行空，只有少数人知道拥抱限制其实更重要。创意的本质是解决问题，也可以说是要找一个答案，面对相同的问题，寻找出众的答案固然是一条路径，但如果是不同的问题呢？你的答案肯定会很不一样。限制，就是那个能让问题不同的好东西，如果你发自内心拥抱它，就有机会产出

独一无二的好创意。

以 eBay 为例，如果客户给我们比照前一年的预算，我们绝对想不出那个金奖 idea。而且在限制之下出手，不是更有挑战性和成就感？真正的武林高手，要么单手，要么原地，要么蒙眼，要么只准用你的招式，照样能把你打得落花流水。

后来 NIKE 要做跑鞋的户外广告，诉求是速度，素材只有一只鞋和它残影的图案文档。我们拥抱限制就把鞋加残影放上当时还没拆除的台北金融大楼外墙，拍下整个玻璃帷幕，用电脑修图修成因速度而扭曲变形的样子重新覆盖贴上，这幅 outdoor 作品赢得 CLIO，成为我的第一个国际广告奖。

还记得以前只要遇到限制重重超难想的 brief 在那边抱怨，当时的老板 Murphy 周俊仲就会说："恭喜你，那表示如果你想到，应该就会拿戛纳了。"

28 | 创作，就是不只创，还要做

比起"创意"，我觉得"创作"这个词更能贴切代表我们在做的事情。

创作是由创和作组成，包含了发想和执行，不是只有想出来，还要把它做出来。我猜许多人都有相同经验，想到好点子的瞬间，你会握拳振臂、叫出来甚至跳起来，那应该是创作过程中最快乐的高潮点，但是亲手把脑袋里的想法一砖一瓦、一针一线从无到有地实现成真，体会难以言喻的成就和满足，创作的快乐才得以完整。

多喝水 Waterman 的案子执行时，从超人装的设计制作、跟着他一天一行动完成十五件好事，隔年专辑发行时的词曲创作、CD 与海报设计、录音后期制作、跑宣传、上歌唱选秀节目 PK，到签唱会、演唱会，七百多个日子里的点点滴滴我都亲身参与。《咖希部湾》的计划，我们飞到兰屿，花了一周的时间，在大太阳底下挥汗打造景点、捡拾岩块绘制路标、到处发放传单和地图、拍摄记录整个过程和游客的震撼反应，很累、很折磨但却过瘾极了。

这样的快乐会渗进你的骨血，刻画成无法磨灭的甜美记忆。我喜欢创，更喜欢做，我一直想开设一间属于自己的公司或工作室，原本我想取名为"创意龚坊"，后来因为这个理由被我改成"创作龚坊"。

29 | 遇见100%的女孩

  我是个创意人，最主要的工作就是想 idea，这件事很有趣，与其说是想，倒不如说是在茫茫脑海中带有某种机缘和运气成分，未知而不可测，甚至无从解释地寻找和遇见某个点子；那其实也很像在茫茫人海中带有某种机缘和运气成分，未知而不可测，甚至无从解释地寻找和遇见……某个女孩。尤其是"啊，就是她了！"那个最棒的点子，更好比在几十亿分之一的缘分里，找到那个命中注定的女孩，这样说起来我的工作就变成一件非常浪漫的事。所以我很喜欢把在脑海里出现某个好点子，形容成"遇见好女孩"，而那个最棒的点子、最完美的初象，就是"遇见100%的女孩"（如果你是女孩，也可以把它当成"遇见100%的男孩"）。

  不知道你有没有类似的经验，想到的跟最后做出来的之间有落差。一个独到的观点最后变成一句平庸的文案，一幅唯美的画面最后变成一张还好的平面，一个绝妙的脚本最后变成一支普通的片子，一段动人的旋律最后变成一首无聊的歌曲……这是我自己经常甚至总是遇到的事，其中最大的问题就是执行，创作者的工作包含创与作，不只要会想，更要有能力把它做出来。

  一个创作者想到 idea……不对，应该说在脑海中遇见100%

的女孩时，会先尽可能巨细靡遗地把她的美丽记下来，然后再设法忠实传神地诉说给别人听，过程中我们运用自己擅长的方式或工具去表现她，也许是文字、口语、图画、音乐、舞蹈、影片、雕塑等等。可惜的是，打从遇见她的那一刻开始，那个她最完美的100%的样子，就在每一手的转述和任何企图对她的描绘中，好像翻译一样不得不遗失递减，也许最后做出来时，原本100%的女孩会变成只剩65%的女孩也说不一定。

  好不容易遇见100%的女孩，她最美的样子竟是最初在你脑海浮现的文句、画面、故事或旋律；所谓灵感的初象，再也无法超越，然后你得眼睁睁看着她一点一滴消失，慢慢离你而去，是不是既哀伤又凄美呢？但事实就是如此，坦白说在我有限的广告创作经验中，几乎没有一次导演拍出来的片子能超越我脑中原本的想象，因为我遇见100%的女孩之后，可能只记住了95%的她，通过我笨拙的描述她只剩88%，而导演一个不留神只听进去她的82%，然后摄影师、剪接师又进来搅和到78%、72%，最后伟大的客户再改一下，就成了65%的女孩。但我必须强调这样说并不公平，是不是100%只是我自己主观的印象认知，跟导演拍得好不好可能一点关系都没有，就连我自己当导演，拍摄自己想的创意,结果往往也是如此。

如果说"发想"是"遇见 100% 的女孩",那我想"执行"就是你要怎么"留住 100% 的女孩"。所以创意人的专业训练,除了思考术,更大的部分在于如何让最后产出的东西趋近脑海中的原始想象。那里头包括技术的精进、方法的尝试、经验的累积、对细节的坚持和对信念的不妥协,当然还得靠点好运,而且由于经常得跟一群人合作,沟通协调整合的能力也不可或缺,最后就是反省检讨,要回头去想哪边做得不错要保持,什么做得不好要改进……每次都要比上次更接近一点,将把握度不断提高,因为上天是如此眷顾你,让你得以遇见 100% 的女孩,你不该辜负这样的幸运,最好的回报方式就是用尽所有的努力想办法把她留下来,不要有遗憾。

我试着偷偷改写《遇见 100% 的女孩》里的片段……

在一个四月的下雨夜晚,才思枯竭的男孩为了喝一杯海明威最爱的 Mojito,而在大安区的一条巷子里,由东向西走去,两个人在巷子正中央擦肩而过,那种微弱却无可取代的创意灵光,瞬间在两人心中一闪。

她对我来说，正是100%的女孩呀！

他对我而言，真是100%的男孩呀！

可是他们那创意的灵光实在太微弱了，男孩也还不懂得如何将心中的感觉清澈完整地落实表达出来，两个人一语不发地擦肩而过，就这样消失到人群里去了。

你不觉得很悲哀吗？

创作者因为技术能力的欠缺、经验的不足、一时的分心、决策的失误或是种种主客观因素的干扰，而没能留住他心中那个idea的完美初象，就这样让她从身边溜走，你不觉得很悲哀吗？

执行才是重点，浪漫的爱情想有完美的结局，你得抓得住你的100%女孩。我一直以来的老板胡湘云对"创意是什么？"曾经有段很精辟的诠释："在伸手不见五指的暗处，突见曙光；在几近窒息而亡的刹那，吸到一口氧气。那就是，idea来了。问题是，你得抓得住它。祝好运。"说得真好，问题是，你得抓得住她。

记得第一次读《遇见100%的女孩》时就深深崇拜着村上春树，能想到这种追女孩的招数，这家伙也太有创意了，如果真的付诸执行应该会成功留下她吧。至于这篇《遇见100%的女孩》，即使我用了好几个午后时光把自己关在咖啡店角落,搜寻、挖掘在我脑海里遇见的各种想法和话语,一字一句反复斟酌,写了又改、改了又写,用尽所有努力,最后终究没能留住那个100%的女孩。

(本文是偷懒抄录我第二本书《当创意遇见创意》的部分内容,有兴趣的人欢迎去找来看完整版。)

30 | 不要等到你的创意变成别人的得奖作品

我在辅大广告系的广告创意导论课程备课时问了许多前辈什么是创意，时任奥美创意总监的卓圣能 Door 说："如果要极严格地定义创意，我很悲观，从历史的洪流看来，创意就是尚未被发现的剽窃！"台湾、亚太到世界，过去、现在到未来，在每个不同的时空，那么多的创作者，都可能是我们的竞争对手，比的是谁先想到并且做出来，那个才叫创意，落在后面从第二个开始的都算剽窃。

Murphy 阅读大量的广告年鉴，他也要求我们这样做，除了学习别人做得有多好，更是要避免去做别人做过的东西，确保让你高兴到跳起来的点子真的不曾存在。这还不够，最重要的是你必须尽快卖掉它，然后像赶着去投胎那样火速执行，直到 on air 出街为止你才可以喘口气偷笑好险别人没有追上来。

走在街上、打开电视、收到朋友手机讯息或者戛纳成绩揭晓时，冷不防看见某个广告作品，让我顿足捶胸在心里发出"哎，居然被他先做出来了"的声音，大概是身为创意人最痛苦的遭遇之一，更惨的是类似的事件还层出不穷。2016 年小男孩乐团要发行第一张专辑，时任传立董事总经理的团长 Vince 昌哥程怀昌找我去听了 Everything 这首歌，问我有没有兴趣帮忙拍 MV，优美而温暖的词曲娓娓唱出最深情的告白，让人好想结婚。我跟他说我们来做一个半记录式的快闪拍摄计划，小男孩乐团惊喜现身各式婚礼，担任最佳婚礼歌手献唱 *Everything*，再将素材整理剪辑成 MV。大家当下都觉得这点子太棒了，不过预算有限加上我当时实在太忙，最后没有拍成。半年之后 Maroon 5 魔力红推出单曲 *Sugar*，轰动社群的 MV 竟是完全一模一样的想法。2021 年身为联广 CEO 的昌哥又传来正在混音阶段的新专辑主打歌《事过境迁》，很有感觉的我想了一个关于离婚典礼的脚本，为了不要再让彼此遗憾，我们排除万难把它拍了出来。

所以一旦想到好的 idea，请一定要好好把握，把握机会，更把握时间。

方法

关于步骤、规则、模式、工具、要诀……原本我以为没啥用的东西。

31 | 在创作之前先创作你的创作方法

创作的时候,不要这样就开始创作了,在想创意之前你可以花点时间先想想"这次要怎么想创意?"

许多创意人忘了,产出创意的方法,本身也是创意的一部分。不同的方法会让结果不同,而创意最重要、最先决的就是与众不同。然后新的方法会有新的结果,对的方法会有对的结果,好的方法会有好的结果,别小看你的创作方法,它甚至可能是重中之重。

团队里该有哪些成员?采取什么模式、程序或路径?通过田野调查、访谈、网搜、阅读还是体验获得资料?一人独想、小组讨论还是大脑风暴?抓紧时间热锅快炒还是放缓脚步细火慢炖?在理性的早晨、舒服的午后还是善感的夜晚进行?去山上、海边、咖啡店还是回到办公室?要不要来点轻酒精饮料?应该搭配的音乐风格是……太多太多可以思考安排的可能性,将帮助你创作出更多更多的可能性。

台湾高铁比稿的时候,我和 partner 文胜挑了一个风和日丽的工作日下午,买了北高来回的高铁票,在车厢里旋转座椅面对面坐好,先从台北讨论到高雄,下车在左营站的星巴克分开找位子独自发想,再合体从高雄讨论回台北,在总共五六个小时的旅程中，完成了我们大部分的创意提案内容，最后果然顺利赢得比稿。所谓创作你的创作方法，大概就是像我们这种搞法。

32 | 最大的问题,可能是没有问题

这个标题是阿桂在分享如何撰写策略报奖内容时说的,被我抄在笔记本上,还打了星星。

如果创意是用来解决问题的,那么答案的对错、好坏、聪不聪明、出众与否,除了创意本身,有时候更重要的可能是问题。所以这虽然比较像是策略的工作,创意却绝不能置身事外。

在类似的问题下想破头要找出不一样的解决方案,不见得是最好的办法,要是反过来先找出一个特殊的题目,答案自然会跟别人很不一样。许多创意人一开始就进入解题模式想答案,我会建议试试先去想问题(也可以当成是挑战策略)。"这个 brief 里头有问题吗?""真正的问题是什么?""同一题有没有别的问法?""会不会还有更好的问题?"……这些问题可能才是帮你产出好创意的关键。

好的答案往往来自好的问题,独到的问题才能造就独到的答案。说回最源头,如果没有解决问题的效用,所谓创意的力量和意义都不成立,都是垃圾。如果根本连问题都没有呢?那就是最大的问题了。

33 | 不管步骤有几个，都请记得加一个

广告大师詹姆斯·韦伯·扬的《创意》标榜十五分钟让你学会做广告，薄薄一本，连有阅读障碍的我都能三十分钟看完。整本书大概在说产出创意的过程，我把它整理成收集资料、消化思考、放空等待、瞬间顿悟和检查优化五个步骤，虽然每个创意人有自己的步骤，但我猜不外乎这些。

大名鼎鼎的 Neil French 离开奥美后，开设了以平面为主的 PRESS 广告奖，在征件的宣传影片中他说明想收到的创意……这是你熬夜加班几天甚至几周好不容易终于想出来的稿子（手上拿着一张 sketch），两天后就要提案，大家都觉得很棒，但还有两天呀，现在要做什么？把它揉成一团，丢进垃圾桶（他边说边做），然后去想一个比垃圾桶里那个更好的 idea。

就是这个，没有最好，只有更好。我在辅大课堂做了实验，建议学生尝试在创意作业报告前，加上这个步骤，结果赢得金银铜奖的小组发表得奖感言时，几乎都提到"还好我们有听大中的话，把原本要提的丢掉，想了这个新的"，证明十分见效。

伟门智威的经营合伙人 Rich 薛瑞昌以前带我和 Kurt 的时候，我们还试过必理通感冒药好不容易终于提过了的案子，隔周客户以为要听执行计划，奥美却带来"更好的"新点子要翻案，虽然

结果是"不好意思，我们觉得原来的比较好"，"但真的很谢谢你们为我们想这么多……"，我们赢得客户的信任和尊敬。

如果最后两天真的没想到更好的 idea 怎么办？Neil French 走向垃圾桶，捡起那团纸，重新摊开，虽然很皱但他说："没关系，原本第二好的 idea 还在。"

34 是旧元素新组合，更是寻找关联性

创意就是"旧元素的新组合"，许多教创意的书这样说。我刚入行时看了黄文博和詹宏志老师的书，他们都不约而同地说到这件事。记得有一阵子想 idea 的时候，我会拿着他们各自列出的五六百个包含名词、动词、形容词的词语，照他们建议的方法，随便找出两到三个不相干的词语放在一起，结果，并没有像书中说的一样，想到 idea。

问题出在哪里？旧元素新组合在一起，并不会变成一个点子，你必须找出它们之间的关联性，A 和 B 的什么相关，B 跟 A 的哪里联结，或者 A 和 B 放在一起之后有何共通逻辑脉络可以成为我们手上问题的答案。所以寻找关联性，也经常被我说成是在旧元素新组合之间"搭桥"。

我最喜爱的周星驰的电影《喜剧之王》，把演员奋斗史和卧底警匪片两个完全不相干的旧元素新组合在一起成为绝妙经典，靠的就是表面是场务、真实身份是香港刑事情报科警察的吴孟达，在吸收星爷时说的"简单地说，我是卧底，我比那些所谓演员更加专业、更加高尚、更有技巧，因为我每天的生活就是在演戏，虽然我没有剧本，但我绝对不会 NG，因为我 NG 可能连命都会没有，我才是最该赢得奥斯卡最佳男主角奖"这段话。

种族歧视和草本牙膏，健康体操和省钱购物，结婚戒指和瘦身课程，求婚惊喜和气垫皮鞋，巴黎左岸和咖啡拿铁，生日许愿和顶级座驾……创意的工作就是寻找看似不相干的它们之间的关联性，把桥搭起来。

35 | Concept Idea Material

  Concept Idea Material 可能是创意世界最重要的思考模式。我入行前找工作时麦肯的 ECD 甘哲源要我开始做这个练习,我没听话,白白浪费三年。后来有幸遇到 Murphy,我要谢谢他不只教会我们,还逼我们身体力行拿它做创意。

  Concept 就是概念,What to say。它是广告要说什么的一句陈述。Concept 是评估创意和策略是否相关,或是否切题(on brief)的基准点,而且是唯一一点。

  Idea 就是点子,How to say。它是用来表现、传达 Concept 的一种方法或说法。Idea 决定了创意的格局。(为区隔 Concept,我会建议用"方法论"的句型来描述 Idea。)

  Material 就是素材,Say with what。它是符合 Concept、Idea 的一件物品、一样东西、一个故事、一个产品特性、一种象征、一个说法或一个人……

  除了找案例分析练习这套逻辑,还要运用在日常所有案子的创意发想,通过每天的工作,内化成近乎反射的思路。因为它是全球创意的统一法则,因为它是广告人讨论创意的共通语言,因为创意的世界就这么一个 SOP(标准作业程序)而已,因为它会帮你产出好广告,因为它有助于厘清不同层次的许多事情,因为它不只能顺想创意、点子，还可以倒推策略、市场，因为……我不知道我干吗苦口婆心跟你说这么多。

  Concept Idea Material 真的很重要。

  Concept Idea Material 真的很重要。

  Concept Idea Material 真的很重要。

  希望你懂为什么说三次。

36 | 做好平面广告的方法叫减法

原本我以为好的平面就是吸引目光的视觉加上简单清楚的概念,后来才知道可以有系统地去拆解、优化它。传统的平面广告是由 Visual(画面)、Logo(商标)、Catch(标题)和 Body Copy(内文)等四个元素构成,什么是好的平面稿?就是这些元素越少越好!

如果不用 Body Copy 就能传递讯息,三个元素会比四个元素高明些。如果 Catch 拿掉也看得懂,两个元素会让你的稿子更能加分。如果画面中已经有品牌的识别可以连 Logo 都免了,只有单一元素就是顶级的作品。

我在泰国亚太广告节参加过一场平面类评审团主席的点评讲座,有套厨房吸油纸巾的平面,乳猪、炸鸡和烤鸭像拧毛巾那样被扭成麻花状,挺震撼也蛮有意思的画面却只获得三个佳作,原来是因为硬上了一句标题"超级吸油",评审觉得根本是在侮辱观者的智商,为了惩罚那个多此一举的愚蠢文案,决定把三银改成三佳作。我们帮捷运快递做的平面稿,错综复杂的都市窄巷中,准备攻坚的特勤警队围着一位穿着制服的快递员,他像指挥官一样用粉笔在地上画着地图,Logo 在背上很清楚所以不必放,原本的标题是《了如指掌的亚太通》,送件参赛前 Murphy 遮住标题问我"这样看不看得懂？"我说可以，我们决定拿掉 Catch，结果这张只有画面的作品让我拿到第一只戛纳的狮子。

  Tide to go 去渍笔的平面，改编白领衬衫口袋因钢笔漏水染出一块油污的画面，变成蓝领脏衬衫口袋里的去渍笔却造就一块洁净，如果把 Tide to go 拉高一些露出 Logo 就是单一元素的稿子了，但那样做并不符合笔和口袋相对尺寸的真实性，艺术指导没有勉强而是选择让口袋合理地遮住大半部笔身，乖乖地将 Logo 放在左下角的位置，Visual 和 Logo 两个元素仍然是张很棒的作品。至于那张 FedEx 纸盒中装着露出三分之一 DHL 字样的快递，无需标题也不用 logo，一切尽在不言中，就是单一元素顶级平面经典中的经典了。

37 | 有本事，就正面对决

许多跟我工作的人都知道我讨厌谐音，也尽量避免双关，另外还有一个我没那么喜欢的是负切，负面切入，去演出没有产品或服务会造成什么后果，也可以倒过来说，就是我比较爱正切。

正面切入，去表现产品、服务的优点，或者品牌、主张能带来的好处，正向的思考还有满满的正能量，好像天生就是我的菜。相反，除了可能得碰触坏处、缺乏、不顺、倒霉、出糗、失败甚至悲惨等负面感受的素材，负切又称恐惧诉求或者恐吓式广告，消费者又不是吓大的，应该没人喜欢被威胁的感觉吧！另一个麻烦是，负切的重点在于"没有"所导致的问题，观众最终还是无法搞懂商品究竟有什么功用，也不见得能理所当然地脑补广告中出现的品牌就是解决之道。再者，由于戏剧效果强、故事好推演，许多创意会习惯性挑选容易、简单的路走，第一时间就往负面切过去，让自己沦为一大堆负切广告中的 me too。

摊开我的作品就会发现，我好像特别喜欢从正面来，喜欢有话好好说，喜欢进步、满足、快乐、成就、安全、健康、温暖、幸福和梦想这些让人觉得美好的事物，喜欢挑战比较少人走的那条路，喜欢越难想的话想出来的东西越厉害，喜欢与众不同的创意。

38 | 定做一个你要的BRIEF

BRIEF是什么？BRIEF是客服和策略（或客户）发工作给创意时进行的简报，是创意开工的前提，也是创意发想的指南。没有BRIEF就不会有创意，什么样的BRIEF造就什么样的创意。许多时候BRIEF比创意还重要，想BRIEF甚至应该比想创意更认真（我真的看过不少这样的策略人员）。

换个角度来说，BRIEF就是创意的机会。有前辈跟我说过，创意人就是把自己准备好，然后等待一个机会。但如果机会没从STRATEGIST（我的好伙伴奥美策略长温柔可人的施淑芳将PLANNER正名为这个更高级的字眼）那边给过来，当然也不可能从天上掉下来，没有机会，或者没有好机会，怎么办？你就要自立自强，自己创造机会。

还没有好的BRIEF吗？试试看定做一个你要的BRIEF。你对资料和洞察中哪部分特别有感觉，你有什么直觉（gut feeling），你感兴趣、想尝试的东西，你的初步构想甚至是已经想好的idea，你希望跟谁合作，你会运用的形式、手法，你脑袋里的画面、故事，连你的梦都可以……把这些告诉你的策略伙伴，向他们下单、许愿一个为你量身打造的BRIEF。

好的BRIEF会带你上天堂，这把梯子，有时必须DIY。为了不让自己停在原处不动，或者预防一不小心被推下地狱，我经常这样干。

39 just DO it

2015年第一次去戛纳时,除了几场启发性极强的精彩演讲,最震撼我的应该是那些正在潮流、浪头上爆发,跳脱传统思维和形式的新形态创意作品。从离开前的失眠夜到返航的长途班机上,我不停思索着来西天取经回去应该跟同事们分享什么,开始脑海千头万绪、内心百感交集,如果只允许有一件事情、一个改变会是什么?怎样才能做出那样的创意?最后跳出来的答案就是"DO,做"。

不论策略推演的品牌主张、价值、精神到大理想,或者创意逻辑的 Concept(概念)= What to Say(说什么)、Idea(点子)= How to Say(怎么说)、Material(素材)= Say with What(用什么说),传统广告创意的思维模式和作业习惯停留在"想"和"说",而那些吓到我的、令人羡慕的作品已经前进到"做"了。过往为了传播 What to Say,我们会思考 How to Say,从今以后请把它改成 What to Do。我还写了一句简单的格式:"为了(解决某个问题或传递什么主张),××品牌决定(做一件什么事)。"这样照着做,保证一步就能跟上时代。

我试着把在戛纳看到的案例套用进去……为了让人们感同身受渐冻症的痛苦并鼓励捐款,美国渐冻人协会决定在社群平台发起一传三选择体验冰桶淋身或捐款一百美金的 Ice Bucket Challenge 冰桶挑战。为了强调保护道路上所有生命安全的使命，VOLVO 汽车决定发明能让单车和骑士在夜间发光的救命喷雾（Life Paint）。为了传递 Keep Climbing 不断向上的品牌精神，达美航空推出开放预约名人邻座，并在航程中与他们交流学习的 Innovation Class。为了鼓励日本年轻上班族不要因为工作而放弃冲浪，QUIKSILVER 决定把冲浪衣设计成一系列具有防水功能可以直接穿去冲浪的西装 True Wetsuit。为了跟多年来的忠实铁粉们说再见，即将停产的 VW Kombi 许下最后心愿（Last Wishes），决定送给每位车主一份量身打造的专属礼物……当代品牌传播的重点，不再是你相信什么、主张什么、说什么，而是你到底做了什么。

英文的 Walk the Talk，中文的言行一致、坐而言不如起而行、百说不如一干，大概都是这个意思。除了说服性，当我们以 What to Do 的角度思考广告传播，是不是马上变得立体、具象、有力量、非传统、多元、充满可能性并且有了很 NOW 的感觉？

在那之后我们一件一件做出《YAHOO 好时光行动配件》、《# 我的未来我来救》儿童防毒面具、全联经济美学的全系列潮包、用垃圾打造的兰屿新景点《咖希部湾》、以赛道烧胎屑调出的奔驰《速度的味道》古龙水、多喝水 COOLYMPIC 超越无聊极限运动会、夜市里的 IKEA 百元商店、台湾传统鬼怪和年轻世代的中元世纪对谈、由新锐设计师 ANGUS CHIANG 操刀的世界上第一套跨越性别的《UNI-FORM 无限制服》、《用被遗忘的衣物，帮助正在遗忘的人》的时尚品牌回回忆……当然，也还会继续做下去。

40 | 这个下午我们只做一件事

我入行的头几年，一套保险平面稿的长文案可以写一个多月，拉面广告脚本一想就是三个星期，花两天半的时间只为了构思一则手机广播广告……如今回想起来，我们投入每一个客户或案子的时间、心力，真的只能用奢侈来形容。

随着广告媒体生态、营销传播环境的改变，这一切已成追忆，取而代之的是大量、庞杂而碎片化的工作形态，一周完成三个提案，下午要开四场会议，同时经手处理好几件案子渐渐成为日常……但我绝不甘心就这样习以为常，除了对美好时代的怀念，也是对创作质量的讲究和坚持，要说广告是服务业，那更必须对客户负责任。如果是你，会希望服务你的人同时服务好几组客户吗？所以我开始检讨并对抗"多工趋势"，试着让自己和团队重返"专注模式"，找回所谓的深度工作力。

当然，我们没办法拒绝或逃避工作，但至少可以调配、计划工作，把用在每个客户的时间集零为整，然后尽可能按照排程每天只做一个客户、只想一个案子，就像我尊敬的那些不轧片的导演和不轧戏的演员一样有原则。结果是，我们不但做完了量差不多的工作，更创造出质好太多的作品。我甚至因此想来开一间叫作 One Day One Project 的公司，贯彻这样的创作理念和服务精神,不只几位客户举手说一定把生意给我,连我师父丸子都迫不及待要来上班,可惜,我又只是说说而已。

李国修老师以自己父亲为原型写的经典舞台剧《京戏启示录》里头有句话:"人,一辈子能做好一件事情,就功德圆满了。"创意人,一整天只做好一件事,不也是刚好而已吗?

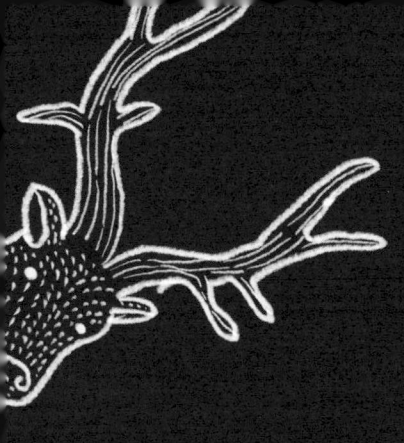

共
想

为了打赢这场非靠团队不可的仗,我决定先学会与人并肩作战。

41 | 尊重业务，追随策略

在广告路上，不是只有创意孤军奋战，还有几个非常重要的位置、伙伴。奥美一直强调的三人共政，就是客服、策略和创意的铁三角，后来还衍生出一个客户的四人共政。

客服是我见过的最伟大的生物，因为我觉得自己完全做不到他们做的事情。懂客户，有生意头脑，具有数字概念，掌控预算进度，穿着正式得体，擅长说话、沟通与谈判，尊重、照顾甚至宠爱创意，粗工细活都使命必达，任劳任怨、脾气好、EQ 高，要走前面带领团队，也要跟到底处理善后……好的客服，让我由衷尊敬。

策略是我很依赖的存在，因为到底我要做什么、往哪儿去，都是他们指引的。洞察人性，了解社会，看得出问题，找得到痛点，抓得住趋势，善于逻辑思考，有些竟然还会灵性感应，像智者一样抽丝剥茧，看透一切，给众生方向……好的策略，让我愿意追随。

好的创意呢，要让人愿意相信。

请注意这里说的是"好的"客服、策略和创意。好比《西游记》中唐僧一行四人踏上西天取经之路，策略就是师父说的都是对的唐三藏，客服是劳苦功高的沙悟净，创意是神通广大的孙悟空……别误会,客户当然不是没说到的那个,而是路上遇到的至高无上的如来佛祖、慈悲为怀的观音菩萨、主宰天地的玉皇大帝、雍容大度的王母娘娘,或者不得不说有极少数的时候,是必须收服的妖魔鬼怪。

42 创作一个大平台，让所有人进来一起创作

我对大创意的诠释之一，是创作一个大平台，让人们可以进来跟你一起玩。也许是一个概念、方法、形式或口号都可以，重点是要有包容、延伸、启发和开展的高度。

所谓的 Series、Campaignable Idea、Integrated Marketing Communication、User Generated Content、Co-Creation，都是这个道理。试想，想出让这一切发生的那个源头的点子，是多么有价值的创造。当然，创造一个理想的创意工作环境，也包含其中。

为台湾拿下第一支 One Show 金铅笔的远传电信《# 我的未来我来救》是很好的例子，一个如堂吉诃德挑战风车巨人般无用而讽刺的儿童 DIY 防毒面具想法，生长出十所空气污染重灾区小学的参与，创意、客服、客户、老师和学生总动员，两千个充满想象力的面具，十几次街头抗议、一场大游行和环保峰会、实体加在线展览，还有成千上万的分享、报道与响应，甚至登上纽约时代广场的新闻广告牌。一个创意，激发了更多的、无数的创意，最后集结成超级强大的力量。

思考如何创造这样的平台，不只是创意主管的职责，也是每个创意人都该有的使命。

43 只是雇用比你强大的人还不够

奥美全球 CEO Andy Main 2020 上任时拟定了我们迈向下个篇章的成长策略："Let's be giants."内容中不断提到 giant，一时之间让英文名叫 Giant 的我在奥美台湾、奥美亚太甚至 worldwide 小红了一下。

事实上这个 Giant 来自大卫·奥格威的语录，某次董事会议时奥格威在每个董事面前摆了一组俄罗斯娃娃，就是那种以大套小层层包裹的套娃。他解释其中寓意："If you always hire people who are smaller than you are, we shall become a company of dwarfs. If, on the other hand, you always hire people who are bigger than you are, we shall become a company of giants."

我给多年前的董事总经理英国人梅可汉自我介绍时曾经开玩笑说这是我英文名字的由来，但真正的原因，其实是我小时候长得很像小叮当里身材高大却爱欺负弱小的技安 Giant（也就是这代年轻人口中哆啦 A 梦里的胖虎）。

雇用比你强大的人，说得简单，但在人性上其实并不容易做到。大多数的人不懂、不愿或者不敢雇用比自己强大的人，有些人真的用了（也可能是不小心用了），却反过来害怕会不会被比下去,甚至变相去打压、钳制对方,我不知道为什么要这样找别人也找自己麻烦。真正的重点不是雇用比你强大的人,而是用了之后还要支持他自由发挥出最大能量,并且虚心地向他学习,这样才是真正的巨人,你的团队才会真的变成奥格威口中的 company of giants。

44 | 整个世界都是我的创意部

常有人问:"你们创意部现在有多少人?"我是创意长没错,但很抱歉我并不真的确切知道。答案很重要吗?一点也不,因为再大的创意部都能被你搞到很小气,再小的创意部也能被你变得巨大。

创意,从来就不是单打独斗的工作,以前不是,现在与未来更不是,connect、collaborate、cooperate 这些动词强调团队合作的重要性,co-work、co-creation,还有台湾奥美 co-founder 共同创办人广告女皇 Shenan 庄淑芬新创的公司 CO-THINKER 共想联盟,更在揭示这是一个共创的时代。

要记住,单挑也许很帅气,打群架才是真聪明。因为新形态的创意案太庞大、太复杂、太多可能性,光靠几只小猫想做好根本是天方夜谭,必须张开双手去集结一切有助于你的正能量,学习把过程中所需要和会遇上的每一个人当成你的 partner,不是萍水相逢而是齐心协力的那种革命伙伴,找出不同且多样的人们一起创作的最佳模式。如此一来,你再也不用管创意部有多少人,整个世界都是你的创意部。甚至,套用《牧羊少年奇幻之旅》的金句"当你真心渴望某样东西时,整个宇宙都会联合起来帮助你完成",拿出创作的企图、开放的态度和合作的诚意,整个宇宙都将是你的创意部。

45 | 拳怕少壮，姜敬老辣

身为一个在奥美创意部一待二十多年的老屁股，我也曾是全公司最年少的创意鲜肉。关于创意到底是年轻后进还是资深前辈的天下，我算蛮够资格说几句的。

"你的创意过时了。"创意人员过了一定的年资之后总会听到这样的声音，可能来自那些小鬼的挑战，更多时候是自我怀疑的心魔。我在戛纳听过一场 M&C Saatchi CEO 的演讲，说到广告产业需要更多的资深人员（The advertising industry needs more old people.），他举野兽派艺术家马蒂斯为例，生命最后十五年卧病在床无法作画更别说雕刻的他，在强烈创作欲望的驱使下拿起剪刀和色纸，用过人的经验、品味、美感和创造力，即使"剪纸"照样剪出一朵花，留下《蜗牛》与《鹦鹉和美人鱼》等经典巨作。姜是老的辣，先进的成熟、见识和历练，对人生和心性的体会，投射出作品的厚度和隽永，都是无可取代的宝藏。演讲的前提是，除非我们能持续拥抱新科技和进步（It will only happen if we stay interested in new technologies and new advancements）。

我尊敬的老板胡湘云就是其中的代表性人物，不敢透露她的年资，总之我很难想象自己在她这样的阶段境界，还能始终如一地学习新事物，尝试不同可能性并且毫不妥协地追求卓越，这也是她之所以令人尊敬的原因。

我也欣赏、羡慕，甚至嫉妒、害怕年轻创意横冲直撞的生猛尖锐，他们理解世界的新奇方式，身体里流着当代的时髦血液，内建数字和社群的 DNA，还有好像用不完的体能和活力。有太多太多颠覆传统、改变游戏规则的伟大点子出自公司那个"天不怕地不怕的新来的"，甚至是更菜的实习生。

不管是少壮派或者长老院，都有彼此做不来也学不会的创意力道和能耐。一定要分高下、论输赢吗？如果不是比拼而是合作呢？别忘了，广告可是讲求 teamwork 的行业，如果年轻和资深的创意人员，可怕跟可敬的能够一起创作、彼此激荡也相互学习，那会是多么美妙而强大的事。老少配用在爱情、婚姻我不确定好不好，但用在创意团队的组合上，绝对值得期待。

46 | 创意来了，你第一个想说给谁听？

在迷雾笼罩的南海航行惊见魔岛，在伸手不见五指的黑暗中曙光乍现，在快要窒息的瞬间吸到那口氧气，在苦思之后灵光一闪的顿悟，那种强烈到要爆炸的兴奋感，如果不赶快找人分享保证会得内伤。这是之所以你要在第一时间把你的创意讲给别人听的原因，更重要的是确认自己是不是被良好的自我感觉冲昏头了，以及在idea热腾腾刚出炉时趁热打铁，也在还没真的被落实公布于世前，寻求让它变得更棒的批评和建言。

所以这位第一个听到你创意的人，十分重要。我的妈妈、妹妹、女友都被迫担任过这个角色，结果多半是语带敷衍的认同，出于善意的谎言，甚至无话可说的尴尬，徒增彼此许多困扰。这个人必须对广告和创意有兴趣，具备足够的见识、良好的品位，愿意倾听，并且会对你说实话。

感谢创意伙伴伦哥吴至伦、阿力许力心和策略伙伴温柔可人的施淑芳，尤其是跟我在奥美一起从小长大的业务伙伴Derrick曾致晔曾兄，他们不厌其烦地无数次为我品尝创意的第一道麦汁，添柴火或浇冷水，提供宝贵的意见。

我衷心地祝福你，也能在创意路上找到属于你的这个重要存在。

47 | 创意生命中最重要的他和她

在家靠父母，出外靠朋友，那做创意要靠谁？答案绝对是PARTNER。

20世纪50年代末期DDB的创办人Bill Bernbach开始将文案和艺术指导放在一起创作，这个革命性发明为广告业注入全新的创意能量。两种专业技能、人格特质的1＋1＞2的合力加持，画面与文字、视觉与概念、抽象与精确、直觉与逻辑的思考互补，从千山我独行的形单影只到配对同闯天涯有个伴好依靠，经过朝夕相处和患难与共产生的绝佳默契与革命情感……从此，每个想成功的创意人，身边都必须有一个伟大的PARTNER。可能是命中注定一拍即合的幸福相遇，可能是互相欣赏甚至爱慕的邀约组队，也可能是努力碰撞、磨合终于修炼成最佳拍档，无论如何你得用尽一切可能找到他或她。

台湾广告界最经典的两个例子，是曾短暂当过我老板的Judy陶淑真（art base）和Julian吴心怡（copy base）的双J组合，还有至今依然黏紧紧堪称梦之CP的柱子李宗柱（copy base）和Bruce李佳宪（art base），他们都是从ART和COPY时期就一路爱相随，不管升迁或换公司甚至创业都坚持同进同出的FOREVER PARTNER，无论伙伴关系、情谊和作品都令人既景仰又羡慕。

至于我的PARTNER们，创意生命中最重要的他和她：

第一代是刚入行时一人脚踏三条船，喜欢收藏布袋戏偶头、用匠人精神对待每件工作的阿俊师黄维俊，以心海罗盘自度度人、带我进入模型车世界的阿明哥张玉明，和把我当弟弟念叨、关心、照顾得无微不至的Yaya邱勤雅。

第二代是来自山林的女孩，带着满满灵性，天真到无可救药的凤梨江凤娌，她现在可是超厉害的女力大画家。

第三代是移居台东长滨过着看海日子的Jimmy王俊源，也有人叫他王老吉，无论搭档合作和吵架斗嘴都痛快淋漓、火花四射，不只创意还参与我人生的许许多多，在我被狠狠打击无法工作的某段时期更多亏有他一肩扛下所有重担。

第四代让我愿意苦等九个月，大马来的文胜林文胜看似简单纯朴，其实是想得比海还深的哲学家，除了有机会去北京就找他，我猜很难再找到跟他一样讲究、认真的人了。

第五代是前老板Rich薛瑞昌介绍的Matt吴至伦，由于上知天文下知地理而被封为Discovery伦，温和、亲切、大方、重义气和负责任使他成为人人尊敬的伦哥，几乎我上得了台面的作品，连广告外的 MV 和书通通不能没有他。

没特别去写 art 能力，是因为他们都拥有异于常人的美感，而美感来源应该就是他们都拥有的美好心灵。我很幸运在创意生命的不同时期可以遇见这么美好的他和她，一起创作、生活、成长，并从他们身上学习，让我得以成为现在的我。

标准

我不入谁入之第十九层：自寻烦恼，永无止境。

48 | 找到创意的"5号出口"

"不好！""这个有人做过啰！""还有别的吗？""你觉得这会得戛纳吗？"这大概是我的老板兼老师 Murphy 周俊仲最常讲的几句话，尤其最后一句，年轻不懂事的时候还会在心里顶回去："啊你是拿过几只狮子？"还有："当我陈金锋，棒棒全垒打喔？"

后来才懂，那叫标准。创意人的标准，决定作品的水平；创意人的态度，决定自己的高度。Murphy 说过："创意是一座迷宫，只有一个入口，却有五个出口，分别是平凡、有趣、好、杰出和惊世之作。好的创意人员往往坚持要找那第五个，最起码，也要是第三个出口。那需要大量的热情、毅力，还有一点傻气。"不是说说而已，他真的傻傻在做，还逼别人一起做。

第一次跟 Murphy 过安利招聘的创意，我们想了超过六十支脚本，他挑了一支半，另外半支是他帮忙改的，虽然两支去提案都没过，我却发现，那可能是我入行以来想过最好的脚本，也开始明白，高标准和不放过自己的重要性。后来他从三十支挑两支，十支挑两支，到最后五支、三支就挑两支，他说我们进步了，我也告诉自己，要开始追求比"Murphy 的标准"更高的标准。

如果不小心就从 1、2、3 号出口出来了怎么办？请站在出口回头看，想想为何变成这样，告诉自己下次不行，千万别养成太快出来的坏习惯。要是还有时间，就再走进去继续找……"请问，5号出口在哪里？"

49 | 我们是不是太容易放过自己了？

我第一次参加国际广告奖是被当时的 ECD Murphy 带去号称小戛纳的泰国亚太广告节。行程奇硬无比，一连五天，他规定我们每天早上七点半集合，吃完早餐，九点之前就进入会场，看作品、听演讲、观看颁奖典礼，到晚上七点才吃晚餐，我会任性地跑去喝一杯，然后才甘愿休息。

芭达雅的所见所闻令我大开眼界，那是我第一次看到那么多优秀的创意作品，亲眼所及，活生生就在面前，让人震撼、尊敬，更嫉妒，也让人觉得，自己怎么那么烂。我和 art base 的创意小宝孙乐安因为都怕鬼的关系，选择两人睡同一个房间，备受打击的我们无力瘫躺在各自的床上喝着 SINGHA 啤酒望着天花板，进行清谈式的哲学对话："为什么我们与他们之间的差距这么大？"基因、文化、饮食、教育、民族性、幽默感、聪明才智……聊了好多可能性，然后我问："我们是不是太容易放过自己了？"小宝说："啊对，就是这个！"类似的 brief 我们也接过，但我们做出了烂东西，因为我们在 Murphy 说的创意迷宫五个出口的前两个，就选择放过自己，出来了。

这些优秀作品背后的创意团队，肯定是在目送我们走出去之后，继续坚持找到 3 号、4 号甚至 5 号出口才肯罢休，他们没有放过自己。这是我在泰国亚太最大的学习收获,回程的班机还没落地我已经开始在想idea了。"我们是不是太容易放过自己了?"成为我和小宝返台后写在奥美内部刊物《观点》那篇校外教学心得报告的题目,我绝不会再轻易放过自己,我这样告诉我自己。

50 | 请记得有时候还是要放过自己！

这是前篇的后话，人生路上总是过犹不及，创意路上也是。

带着在泰国亚太最大的心得返台后，我的创意突飞猛进，获奖连连，有很长的一段时间"不要放过自己"被我奉为座右铭。后来忘记是哪一年还收到一本奥美 Global 出版的红皮精装小书 *THE ETERNAL PURSUIT OF UNHAPPINESS*，书名由排行全球十大文案的传奇人物 Eugene Cheong 操刀，中译《自寻烦恼，永无止境》。书中开宗明义就写道"BEING VERY GOOD IS NOT GOOD. YOU HAVE TO BE VERY, VERY, VERY, VERY GOOD."现在看起来简直就像坠入恐怖的无间地狱，但当时却有如注鸡血、打强心针般呼应更支撑着我的傻劲。我就这样一直撑着，几乎到了病态的程度，最后终于出事了。

我经常熬夜、失眠，一有案子就专注到人间蒸发失联七八天，与亲人朋友聚少离多，成为母亲口中把家当旅馆的不孝子，没时间阅读、运动、看电影、聆听喜欢的爵士乐，忘了感受阳光的温度和风的抚触，我身体变差、健康失衡，常常感到焦虑和压力，女友三不五时要我在广告和她之间做出选择……后来我才恍然大悟，这些都是"比创意更重要的事"。

我必须更正一下前篇太快又太帅的说法，不要轻易放过自己，但生命中有太多太多值得你去关心、照顾、热爱、保护的人、事、物，而奇妙的是，这些美好正巧就是你害怕失去的创意灵感的源泉，所以拜托请记得：有时候还是要放过自己！

51 魔鬼藏在细节里

如果我们将广告创意视为作品，自然就必须注重所谓的细节。细节能提升作品档次，从良到棒，从优秀到卓越，相反，它也可能让你从天堂落入凡间，甚至掉进地狱。

同样在泰国亚太广告节那场主席点评，他给我们看了 11 News Channel 系列三张平面稿，穿着电视台背心的摄影记者将上班族、卷发大妈和睡衣男"扛到肩上"，像摄影机一样直击新闻现场。很强的 idea，不用标题就懂，甚至因为背心上印的有，所以连 logo 都免了，是元素最少的高级平面作品，但只有卷发大妈那张拿了铜，另外两张"佳作"而已，他问大家知不知道为什么。"她的裙摆下垂特别像摄影机""大妈那张才符合 TA""构图和色彩比其他两张美""看起来最有趣吧"……各式各样的答案都不对。"你们都没注意到一个细节吗？"他说，摄影机的设计都是让人放置右肩以右眼观看景窗，三张中只有卷发大妈被摄影记者扛在右肩，另外两张却在左肩，世上没有这样的摄影机，原本系列三张都是金奖，有位眼尖的评审举手点出了这个细节上的瑕疵，结果全被拉下变成一铜两佳作，一肩之差，岂止十万八千里。

有人帮你找出细节里的魔鬼绝对不是坏事，这套作品的创意团队把上班族和睡衣男的画面做了镜像，并且重新合成了背心上的logo，两个月后在戛纳创意节，三张全垒打都拿了金狮。

52 | 得不得奖，真的很重要，也一点都不重要

以前觉得 Murphy 很奇怪、太夸张，总是把得奖挂在嘴边，还会统计整理国内外各大广告奖得奖成绩，并做成数字图表，老实说我并不是很认同。结果不知道从什么时候开始，自己也变成这副德行，不过没他那么严重就是了。

得不得奖，真的很重要。创意的好坏太主观，广告奖透过制度化的规则和给奖条件的设立，由专业评审进行裁判和辩论，最终形成共识选出的得奖作品，已经是相对而言最客观、公正的标准。那只狮子或这支铅笔是对你和团队的肯定，证明你们创作的是好东西，你们付出的时间和心力对所处的世界是有意义的。IPA（The Institute of Practitioners in Advertising）曾有研究报告指出拿到五大国际广告奖（CLIO、One Show、D&AD、戛纳和伦敦）的作品，比起那些没获奖的广告，拥有 11 倍以上的销售力（最新的数据甚至是 16 倍），也代表你们干的好事对客户的生意是有帮助的。

当然我说的客观公正终究是"相对"的，随着经验累积，你对创意的好坏越来越有自己的见地，甚至相信之后你会发现，真正的好创意有时不一定能得奖。这里头牵涉太多，人性、潜规则、刻板印象、文化差异或政治这些事不好说，就简单说成"运气"

吧。慢慢地我学会，一方面期待得奖，一方面不必太在意广告奖的结果，如果我认为这是件好作品，它得奖我当然开心，即使没得奖，它依然是好作品。相反如果我不认为这是件好作品，就算它拿了天大的奖，我还是觉得它并不怎么样。况且，每个广告任务都有它先天的要求、资源和可能性，以及过程中难免遇到关于人、事、时、地、物的现实阻碍，能在限制下尽力做到最好，产出对得起客户、团队和自己，够格被称为创意的作品，在我心中，你已经得奖了。所以才会说，得不得奖，也一点都不重要。

53 | 成功的开始是勇于与众不同

创意是什么？最简单基本的就是"做别人没做过的"。英文的动词是 create，如果跟别人一样，就是 copy（虽然文案叫 Copywriter）了。不过话虽如此，做起来可一点也不"简单基本"。

大陆画家罗中立二十世纪八十年代的画作《父亲》被誉为中国近代艺术里程碑，写实拟真的画工虽好，乍看却无独特之处，原来重点在于画的尺寸，刻意与天安门广场的毛主席画像尺寸一模一样，当时全中国只允许一人能拥有如此巨幅肖像，画家做了没人做过（敢做）的事，所以重点不在技法，而是想法。

我曾在公司举办的大卫·奥格威纪念活动散场后，捡到一幅创办人抱胸托腮的海报，额头竟还大不敬被踩上了脚印，下方有 quote 他一句"成功的开始是勇于与众不同"。我视为缘分，把脚印擦干净，挂在座位旁看得到的地方，时时叮咛自己，然后就做出全联《便宜一样有好货》系列和多喝水的 Waterman，这张奥格威也一路跟我走到现在。

小心语意上的吊诡，并非"勇于与众不同"就会成功，而是才有机会"开始成功"。在媒体信息爆炸的时代，消费者每天接触 5,000 则广告（而且竟然还在增加中），想脱颖而出被看见，不一样，绝对是先决条件。就像全联董事长林敏雄先生挑选 idea

眼光独到,永远都是那句"这个好,这跟别人的不一样"。不得不佩服他的智慧。

地表最高大的创意,时任奥美大中华区 CCO 的 Graham Fink 曾到过我的办公室,问道:"墙上怎么有'这家伙'?"(英国萨奇系统出身的人不像我们把奥格威当神。)听完我的故事,他说:"你不应该擦掉脚印的,你原本可以有张与众不同的大卫·奥格威……"好有道理,真想把它踩回去。

54 当蜜蜂绕着我的下巴飞，我知道我已离岸不远

刚入行的时候公司三不五时就有吃吃喝喝的 Happy Hour，记得有次在民生东路旧奥美楼下，老板长得很像施明德先生的金海岸胡椒虾，ECD 刘继武说了一个大伟的故事。那时大伟三十多岁了才进奥美上班，第一件工作是参加一个古龙水品牌的比稿，某晚时任总经理的 TB 宋秩铭巡视 review 时看到其中一张平面，标题是《当蜜蜂绕着我的下巴飞，我知道我已离岸不远》。他惊为天人问这谁写的，得到的答案是有个新来的文案叫孙大伟，TB 立刻去找大伟。"你是孙大伟吗？""嗯，我是。"大伟有点吓到。"你家里有什么问题吗？""还好，没有。"大伟更害怕了。"有任何问题都告诉我，公司一定会帮你解决！"伯乐 TB 从那句文案认出了大伟这匹千里马。

听故事的时候我心想，这句到底有什么了不起，我也写得出来吧，基于好奇，我把它记了下来。后来因为演讲和备课的关系，我想要整理、归纳一个自己对好文案（也是好创意）的定义，我发明了"黄金三角形"。最上面的顶点是"准确度"，广告是传播、沟通的工具，把客户要讲的讯息呈现清楚，是最基本的要件。左下角是"感染力"，是能够感动人心，让人哭、让人笑，快乐、悲伤、惊吓、愤怒或舍不得都好。准确度和感染力，其实就是

Murphy 上课时跟我们说的广告只做两件事："沟通讯息"和"娱乐消费者"。能做到这两点，已经是很好的文案（创意）了。我在右下角加了一个"启发性"，提供观点、态度、精神或知识，让人看了之后有所获得，改变了某些想法，甚至决定去做什么事。这是可遇而不可求、最难能可贵的一角，如果做到，就是卓越的杰作。

然后我回头检视《当蜜蜂绕着我的下巴飞，我知道我已离岸不远》。招蜂引蝶准确传递了古龙水的迷人香气，出航已久的水手想家又近乡情怯的内心戏感染着我，最重要的是里头竟然藏着 discovery 等级的地理知识，启发人们要是不幸像铁达尼时或少年 Pi 那样遇到船难在海上漂流时，如果看到蜜蜂，或者苍蝇也可以，绕着你的臭头飞，记得赶快抬头四周张望举手呼救，因为陆地就在附近了。一个刚入行的菜鸟文案，用短短一句话就承载了准确度、感染力和启发性，我才明白有多厉害，自己真的办不到。

黄金三角形是我自己和伙伴的追求，后来尽得真传甚至某些部分早已青出于蓝的创意总监阿力许力心在下面又多加了一角变成很像春联的黄金四角形，她说还必须具备"时代感"，用当代的语言、口吻、情调和美感去讲故事，我觉得挺有道理的。

养分

都是因为那些人,我才得以学会的那些事。

55 | 我也在和你们竞争

我和丁丁来奥美上班的第一天,当时两位执行创意总监之一的超级前辈刘继武请我们到楼下的坦都印度餐厅吃午餐,他说他家印度邻居都来这儿吃饭,应该是十分地道。继武点了丰盛的一桌,自己却半口都没吃,他大概喝了六瓶啤酒,服务生似乎很有默契地只要他酒杯见底,就会主动上前注满新鲜的一杯。

我永远记得他一边喝一边跟我们说的两件事。第一件是问我们几岁,当时我二十四、丁丁二十五,都算年轻鲜肉,他却语重心长地说他认为没有三十以上和一定的生命阅历是不够格当文案也没办法写东西的,搞得我们两人尴尬互看,不知如何是好。第二件是问我们早上有没有看见创意部那些同事,我说有,他们每一个看起来都超厉害的。他告诉我们"你们来这里就是要和上面那些人竞争",我们吞了一口口水,他温文儒雅地补上一句更狠的:"我也在和你们竞争。"

那大概是印象中我第一次觉得自己好像对创意工作有了一知半解的认识,他说的竞争不是你死我活、钩心斗角的较劲比拼,而是不管你是菜鸟文案、创意总监还是实习生都一样,每次都一样,这件事很公平,你必须拿出自己毕生的本领、绝活,即使像继武这般被誉为奥美亚太区最强 copy base 创意的神坛级人物,依然谦虚并且认真地把我们当成竞争对手想着"我是不会输给你们的"。

后来我做 ACD 的时候，当年 19 岁要叫 TB 舅公的 Tiff 来创意部实习，某个周六下午我和她进公司加班讨论 idea，光是讨论谁要先说就花了快半小时，她说她第一次跟创意总监讲 idea 很紧张要我先说，我说我才紧张好不好，我的 idea 如果输给实习生脸要往哪儿放……继武前辈的话，我一直都记着。

56 | 吸了不要忘了吐，吐了更不要忘了吸

丸子朱玲瑢是我进奥美第一年的老板，也是启蒙导师，当年的 ECD 杜致成老杜更形容她是把我从广告新生儿一手拉拔带大的娘亲，她在奥美的最后一天跟我吃午餐时语重心长地要我记得"好好规律呼吸"，广告创意的生涯才能一直延续下去。

她说吸就是认真生活、努力学习，吸收知识和养分，累积你的创意能量；而呼就是发想和表现，写文案、做作品，释放创意能量。你不可能一直呼，否则会没气，甚至断气；也不可能一直吸，否则会装不下，甚至炸膛，所以你要有进有出，调节呼吸，学习保持一种稳定的节奏……为了让自己有朝一日可以领那面传说中厚到抠不出来的奥美金牌，我决定谨记在心。

玄之又玄的开示，我听得一愣一愣的，除了当场就一边呼吸一边感受，后来更花了很多年的时间揣摩并且身体力行什么叫"好好规律呼吸"。我之所以能在奥美、在这行一待二十多年，丸子的忠告还有我的听话都至关重要。创意这条路就像登山，不是你走得多快、多高，而是你可以走得多久、多远。其实也很像跑步，我为 NIKE Running 做的平面稿文案就是这样写的："吸吸吐 吸吸吐 吸吸吐 重点是 吸了不要忘了吐 吐了更不要忘了吸"。

57 | 问自己一百个问题还不够

我第一次认识台湾奥美的集团总经理吕豊余 Lü 是将近 20 年前在必理通疼速效锭的内部脚本 review 会议上，我是文案，合作的 ACD 是阿威陈威宏，Lü 当时是运筹广告（"我是大卫"前身）的副总，下周一的提案，我们三人周六下午一点约在公司过，那时一个案子的内容很单纯，只有 AB 两路脚本。我们大概花了二十分钟就讲完脚本，Lü 开始问问题，一题接着一题，直到落地窗外的天色变黑，已经超过六点了，他还在问问题。我终于忍不住开口问他："请问你到底有多少问题？如果这两路脚本真的有这么多问题，干脆不要提好了，我们想新的比较快。" Lü 急忙解释说他本人其实没有问题，只是"客户上身"一下，想象如果自己是客户会问什么问题，我们一起准备好答案，或者做出修正。

虽然我还是觉得他问题太多了，但这个好习惯却被我偷学起来。换位思考，除了想象如果自己是客户，我也会想象如果我是创意总监会问文案什么问题，如果我是我的 partner 会问自己什么问题，如果我是导演会问创意什么问题，如果我是消费者会问品牌什么问题，后来还有如果我是摄影师、美术或演员会问导演什么问题。不是为了问而随便做做样子问几个就了事，而是一直问一直问，找出各种可能不周到、有 bug 的地方，准备好答案，或者做出修正，这些问题让我得以从不同的角度、面向去思考原本狭隘的自我绝对不会想到的事。

那个周一的脚本提案，Lü 问的问题，客户一题都没问，却问了几个他问了一个下午都没想到的问题，所以答案是就算问成那样还不够，你应该继续往下问到天荒地老。Lü 的问题很多，但他始终是我尊敬的大哥，我到现在都很享受跟他一起参与比稿，在 rehearsal 结束后大伙儿一起想象客户会问什么问题，那部分自问自答的美妙时段，几乎没有意外，问题最多的永远是他。

58 《大智若鱼》教我说的故事

作为一个广告人，一个创意人，或者一个说故事的人，影响我最深的一部电影非《大智若鱼》莫属。它是鬼才导演蒂姆·波顿 2003 年的作品，我个人认为他把自己对于"说故事"的所有观点，都放在这个美丽而奇幻的故事里。

除了感人的父子情，电影启发我太多太多，我会固定在辅大广告系的"广告创意导论"课程期中报告后一周放给学生看，也会在暑假的某个中午约奥美的"红领带"们一起看，等于每一年至少会看两次，致敬经典中的经典，从而温习也寻求新发现。

为免剧透爆雷，请容我没头没脑地列下关于做创意、说故事，《大智若鱼》教我最重要的事：

- 河里最大的鱼，永远不会被人捉到。（想 idea 也是，别让任何人捉到你。）
- 被养在小鱼缸里的金鱼只会一直维持它的大小，若有更多空间，金鱼就会数倍化地成长。（Think Big 千万不要小看自己。）
- 全都是事实，没有添油加醋，一点乐趣也没有。（广告的本质就是"基于事实的夸大"。）

一个人不停诉说自己的故事,让他自己也成了故事本身,故事在他死后继续流传,那样,他也变得永垂不朽了。(这就是我们为什么要说故事吧!)

说这么多不知有没有用,总之,还没看过的,快去看!已经看过的,再去看!

59 | "坐下，工作"或者"坐下，让奇迹发生"

当我老板时间最长的奥美首席创意顾问胡湘云姊姊说过，创意人员有三种：面对"今天傍晚才接 BRIEF，明天一早就要提案"的状况，第一种会先去晚餐，没有回来，干脆玩消失；第二种也会先去晚餐，接着回来坐下，好好完成工作；第三种还是先去晚餐（好好吃饭真的很重要），一样回来坐下，但他让奇迹发生了。

湘云说的话，总是像这样自带激励人心的魔幻力量，但她也不是说说而已，Wego《薇阁小电影》、法蓝瓷《See The Love》、大众银行《母亲的勇气》和《梦骑士》……许多奇迹真的就在她手上发生了。

关于奇迹，或许每个人的定义不同，但我听见的是"相信创意"。相信创意拥有无限的可能性和无敌的超能力，相信创意是在人们心中投下一颗原子弹，相信创意可以反败为胜、起死回生、化腐朽为神奇。毕竟，要是连创意发起者都不相信创意，还有谁会信？

如果你和我一样有勇气（或傻气）愿意相信，要去做湘云说的那第三种创意，那你就不用工作了。你坐下来的时候，会觉得紧张、兴奋并且充满希望，因为你知道，你正在创造奇迹。在你脑袋里的某个地方，一定藏着可以改变世界的东西。

60 | 做一个有观点的人

常有人问广告公司或者奥美喜欢用什么样的人，答案是有观点的人。奥美行之有年的内部刊物就叫《观点》，可见观点的重要。要对太阳下的每件事物都有观点，并且愿意也有能力把它表达出来。怎样才足以被称为"观点"？必须是独到的、有理的、动人的，比我们想的还要更难一点。

奥美首席策略顾问叶明桂是我见过最有观点的人，把品牌要持续做对的事情累积形象资产的硬道理，比喻成打弹珠小钢珠中奖钱进来了就维持这个姿势不要动，是不是很有观点？

我去学校教书前向时任董事总经理的他报告，他说"大中，我要谢谢你"，我问谢什么，心想应该是谢我宣扬奥美精神、价值或者为公司吸引潜力新血之类的，结果他的观点是"你的脑袋是我们公司的重要资产，你去学校接触年轻人可以保养你的脑袋，所以我要谢谢你为公司保养重要的资产"。

另一个例子是有次在决定要不要参加比稿继续服务某客户的会议中，他老人家因为记性变差想到什么怕不快说会忘掉，连续打断插了三次我的话，脾气差加上最讨厌被插话的我一怒之下把手中圆珠笔一丢，双手摊开怒道那我干脆闭嘴什么都不要讲好了。我当下就觉得自己错了，实在太无礼了，会后湘云也把我留下要求我必须跟他道歉，我很不好意思地去找阿桂，他却好像没事一样要我陪他下楼抽根烟，在吞云吐雾间竟然还夸我这样很好要保持下去。他的观点是："医生跟我说 listen to your heart 比 listen to your mind 更好，像我这样忍耐压抑自己的情绪不好，会生病；你刚刚那样生气了就抒发出来对身心比较好，而且你冒犯我扣 20 分，但你愿意来跟我道歉又加 40 分，你这个机制真好，不只健康还能倒赚 20 分，所以要好好保持。"我呼出一口烟，拜托他不要这样宠坏我，心里想着不愧是阿桂，真是独到、有理又动人的观点呀！

61 只有广告没办法走得太远

不知何时，不务正业变成一个好主意。Brut Cake 的设计师主理人 Nicole 邓乃瑄曾是台北奥美的客服，2004 年她停薪留职去德国学画三个月后返台，告诉我欧洲的年轻人正开始流行一种叫作 Slash 的观念，就是人的一生不该只有一个 career，而是要发展不同的身份、职业，每多一个就加一个 Slash，一直往下越多越好。妮可说："大中，我们来比赛好不好？"后来她变成广告客服／艺术家／策展人／设计师／品牌创办人／空间规划师／ CAFE 老板。为了不想输，我也努力 Slash 出广告创意／助理教授／作词人／导演／乐团吉他手／作家／跑者。我对 Slash 的定义是由你感兴趣的事发展出来的工作，而非以赚钱为目的的兼职，但你必须能靠它赚到钱，才足以证明你是 pro 的，不是玩票性质的嗜好而已。

我们算是走到很前面，大概十年后"斜杠"才在台湾成为显学，我还因此获邀参加了许多演讲、座谈和采访，甚至被编进教科书，俨然成为"斜杠青年"的代表人物之一。因为实在心虚得很，不好意思，后来我只好婉拒所有相关邀约。

不过 Slash 带给我的养分，我倒是欣然接受。它让我体会不同的人生，拥有丰富的经验，培养多元的技能，每个 Slash 都相互影响、加乘。它让我的创作能量有更多可能的抒发管道，而且彼此之间还能接通、联动。它让我不会成为只有广告广告广告，那种既贫乏又无聊的创意人，不会觉得疲惫厌倦，但所有的展开又都回向帮助了排在第一顺位堪称"本命"的广告创意。创造力这种东西很奇妙，一直过分专注在某个点上，不见得是好事，别把鸡蛋都放在一个篮子里，你要学会适时切换频道，想想别的有的没的，就像把不同的球在手中丢来丢去，反而会带给你意料之外的能量。Slash 是这样，同时做好几个案子或者接私活也是一样的道理。

2016 年我在戛纳创意节地下层的 Masterclass 大师讲堂，听了来自世界另一端在戛纳拿过四座全场大奖和超过四十只狮子的巴西人 PJ Pereira 分享的 *WHY ADVERTISING ALONE CAN'T GET YOU TOO FAR*，热衷科技、醉心武术，还写了一套三部曲的小说正洽谈要拍成电影，这些不务正业如何帮助他的创意本业，异曲同工，说的也是一样的道理。

62 | 两点间最近的距离不是直线

名列世界十大文案的奥美亚太区前首席创意官 Eugene Cheong，是我非常佩服、尊敬的创意老板，他说过（写过）许多被我放进嘉言录的金句。我记得在横跨太平洋的不同场合，他跟我当面说过三次"两点间最近的距离不是直线"，一定是因为很重要吧。

它违反物理，却充满哲理。首先，里头所指的是从 A 点到 B 点真正的"到达"，真正得到你要的结果、达成你设的目标，比方你要"想到 idea"还是"想好 idea"。再者，A 点和 B 点之间，也可能有许多起伏、障碍甚至困难、危险，勇往直前不见得聪明，搞不好要花更多时间，懂得绕道而行才是真智慧。还有，讲故事、写脚本也一样，直接说出诉求、讯息的，通常无聊乏味到让人过目即忘，所以要铺梗，要拐弯抹角，有趣的东西才会真的被记住。这都是为什么打出两颗好球之后，投手不会直接投第三颗好球，而是先吊一颗坏球，再投进来三振出局。

Eugene 把它套用在那些急着功成名就的年轻创意身上，你到底要接受 A 公司的挖角秒变创意总监，还是留在 B 公司认真学习、努力创作，让自己实至名归成为真正够格的 CD。

不管从这里到那里最近的距离是什么，创意没有捷径（人生也是），我只知道要做出好东西，就只能踏踏实实地一步一脚印，走最远、最辛苦的那条路。

63 | 别只跟导演合作，向他们学习

从事创意工作会让你遇到很多导演，不夸张，真的很多。

然而事实上这并不符合统计和概率的原理，要成为一名导演，必须拥有一定天赋的美感和故事力，通过专业技能的养成、实践经验的积累，加上相对丰富的生命阅历和对人性的洞察，努力用功拍出些什么东西，让人们愿意把预算、资源、团队交付在他手上，摄影、灯光、美术、制片、剪接等好手愿意听他号令指挥，发自内心喊他一声"导演"，由他全权掌控去完成整条片子，并一肩承担好坏、成败所有责任，这样的存在怎么算都少之又少。（同理，创意总监也不是随便就能遇到的。）

从这个角度看，能在一路上遇到不同的导演，真是很幸运的事。如果只跟他们合作完成一部影片、一件作品，是不是有点辜负了这样难得的缘分？贪心一点，不要客气，把握机会向他们学习，这些万中选一的稀有物种身上，藏着各式各样意想不到的珍贵宝物，保证不会让人空手而回。

张恒泰导演是我大学班上的二哥，教我迈向导演之路以及想要立足什么风格、领域都是必须规划经营的，还启蒙我关于成为"男人"的种种必须，包括送女生回家你得看着她安全进门才能离开。

黄元成导演是我刚入行就认识同年份的三八兄弟，教我认真、热血、拼命是把片拍好的绝杀武器，真正的rocker不只爱去FUJI ROCK喊破喉咙，还爱自然、爱做菜、爱妈妈、爱老婆和爱小孩，完全不违和。

来自香港，本名蔡美诗的导演Maisy是我广告生涯娘亲丸子的好姊妹，论辈分应该叫声阿姨吧，亲身示范教我在最挫折失望的临界点还是不准放弃，要做出对得起自己的作品，以及明明很厉害却能伪装成很搞笑、很可爱，才是真正的厉害。

沈可尚导演是不管广告片、剧情片和纪录片，还是导演、编剧、摄影、监制甚至电影节总监样样来，将自己奉献给拍片的真正影人，教我这件事不是开玩笑的，要一直想、一直挖、一直试、一直改，一直到觉得什么都对了为止。开机前他习惯先坐在演员的位子，设身处地想象体会这场戏该如何表达呈现。

导演Jeff张时霖是我辅大大传系的鬼才学长，无论广告或MV都能用破格的新颖手法拍出超吸眼球的影像作品，还拿过两次金曲奖的年度最佳音乐录影带导演奖。很会拍偶像的他，拍片时被我当成偶像在看，亲身示范如何在陈设固定的有限场景中，通过摄影机不同的镜头尺寸、位置角度和运动方式去变化创造更多的，甚至无限的可能。

卢建彰导演以前是我同组的文案哥们，教我在创意、生意和意义之间可以找到兼容共生的美好境地，别让快餐化的广告成为用完即弃的垃圾污染美丽地球，也教我懂得关心人、知足、乐于分享和做个白痴。

尹国贤是年轻我十岁的新生代导演，无论跑步距离、酒精摄入和龟毛程度都跟我相见恨晚。除了对公益案子的投入，不轧片的坚持，他回奥美母校分享时我还抄下受用的笔记：让工作团队成为创作团队／替作品服务，不是客户服务／再好的执行都比不上一个纯粹的想法／再好的想法都会毁在一个糟糕的执行。

罗景壬是我合作最多的导演，被他称为战友是我的幸运，他的存在，更是台湾广告界的幸运。罗教我即使30秒的广告也要做足人物性格时代背景的角色动机设定，才能为作品赋予更丰富、立体的厚度；关注社会、文化和议题并诚实地提出批判，我们必须展现这个行业应有的高度。我有一阵子曾经请求默默坐在他高大的身影后方，偷偷观察学习关于导演的一切，大导演如他收工时轻声跟制片要了刚刚太忙没吃到的便当带回家，充满美感的惜物举动，成为日后全联经济"美"学灵感的滥觞。

陈玉勋导演拍的《热带鱼》是我大学时最爱的电影，跟他拍片差不多就像跟偶像见面。与客户交片陷入胶着时，我亲眼看过他请制片把他的包偷拿出去，然后起身假装上厕所就再没回来，帅翻了。因为看了多喝水十五影展的短片《失去的颜色》知道我也当导演，自许为"新锐导演"的他开始叫我"学长"并自称"学弟"，独特的逻辑和与生俱来的幽默感不好学，学弟教学长的是要谦虚。被定位为喜剧导演的潜台词是你们都不知道最难拍的其实是喜剧，2020年《消失的情人节》拿了金马奖最佳导演、最佳剧情片和最佳原著剧本，传短讯恭喜他，他回"谢谢学长"。

　　Marco Grandia是拍我生涯最贵大片时合作的荷兰导演，我们在巴塞罗那拍梅西代言蒙牛的世界杯品牌传播。模拟预演试拍的精准程序，让三小时拍完梅西二十几个镜头的不可能任务变可能，学起来。拍片的空当他会变魔术给大家看，不是开玩笑的，他是有售票演出的职业魔术师。片场有位潇洒的老先生走来走去，一问之下才知道是他老爸Robert，年轻时因为太太有幽闭恐惧无法坐飞机鲜少出国，儿子当导演后决定到世界各地拍片都要带着自己的父亲一起，听到这里我湿了眼眶。监拍到一半，monitor里原本镁光灯闪个不停照着梅西却换成了Marco，嘴巴还动着好像在唱歌……晚上吃饭时他告诉我，1973他出生那年有首摇滚乐是他最爱的歌曲，十几年前他开始从自己拍摄喜欢的片子中挑一个 key cut，入镜对嘴，他将整首歌拆解成23句、23 cut，这是他的第16次，全数拍完接起来之后的MV将在他的告别式播放，我恨自己太晚认识他，不然绝对有样学样。最后一天那场医生跟梅西说明伤势的戏，他突然要我过去穿上白袍照演一遍。交片的时候，他送我一个纪念版，我成为梅西的主治医师。Marco简直像一本奇书，教我大开眼界。

  还有符昌锋、杨力州、陈宏一、孔玟燕、李幼乔、Johnny区子强、易智言、吴念真、庄永新、邓勇星、王维明、张荣吉、李光伟和林锦和导演，他们都曾在不同阶段给过我如沐春风的珍贵养分。

意义

如果只是想做好广告,是不会做出好广告的。

64 | 寻找一种叫作意义的东西

那年我去小巨蛋听了纵贯线的演唱会,我坐的区域周围都是叔叔阿姨辈的资深歌迷。四位团员依照辈分出场。张震岳的《我要钱》《爱我别走》他们没啥反应,周华健的《花心》《让我欢喜让我忧》他们跟着点头、晃呀晃,李宗盛的《寂寞难耐》《十七岁女生的温柔》他们有些人开金口哼了几句,直到罗大佑出场唱起"亚细亚的孤儿,在风中哭泣……",他们突然像《天空之城》里沉睡的机器人被唤醒那样通通站了起来,整齐地摇摆身体放声合唱:"……黄色的脸孔有红色的污泥,黑色的眼珠有白色的恐惧,西风在东方唱着悲伤的歌曲……"那一幕充满震撼力,然后他们都哭了,我也跟着红了眼眶,这是《亚细亚的孤儿》,接下来还有《鹿港小镇》和《光阴的故事》。

演唱会散场之后我在想,同样身为创作者,我创作的工具、媒介是广告,罗大佑则是音乐,但是我做出用完即丢的快餐成品,而罗大佑却创造了意义,那是一整代人的集体记忆、文化、情绪和乡愁,三十年甚或五十年之后再听,它依然拥有价值,充满意义。

我们做的广告,我们的创作,也能拥有这样的高度吗?有人追求生意,有人重视创意,而我更想邀请大家一起,寻找一种叫作意义的东西。就像我的好哥儿们喀导卢建彰说的，不要让广告成为制造碳排放、污染地球的行业，不要让这些时间、金钱、人力、心血成为浪费，不要让我们的产出成为三个月或一年之后就不具任何意义的垃圾。

65 | 用你的幸运去做些有意义的事

我一直觉得拥有创作的欲望和天分，以及创意之神眷顾所给予的灵感和帮助，能创造出一些动人、美好的事物，真的很幸运。

所以我也一直觉得要把握这样的幸运，去做对人、社会、世界有意义的事，让更多人获得幸运，才对得起幸运的降临。

入行前听说王念慈前辈成立大好工作室，从商业广告市场转身投入公益广告领域，就令我十分钦佩。2001年桃芝风灾时我们为国泰人寿做了两张平面稿，帮一位独居老伯伯和一位亲人不幸离世的小妹妹，募得超过百万的捐款，是我第一次感受创意工作的正向力量。

在纽约One Show听David Droga介绍Droga5的大作，我清楚看见当他说到Tap Water计划时，脸上完全不同的表情，洋溢真正的快乐和满足，因为他用创意帮助了数以千万计第三世界国家的儿童可以喝上干净的水而免于死亡。

资本体制下的广告公司不是慈善事业，不可能天天做公益，但我们可以有意识地让"好事"更常发生。试着找出品牌诉求和社会责任之间的联结，商业营销也能传播善良和美意，像多喝水Waterman、远传电信开口说爱、全联经济美学、中元节感恩月和国泰金控小小鼓手，都证明生意与意义绝对存在双赢。或者积极参与为客户执行公益 campaign，像远传电信《#我的未来我来救》和可口可乐《我有我的罢免权》，都是应该当仁不让的好机会。还有就是由广告公司、创意人主动发起，针对特定议题、族群或与 NGO、公关部门合作的 project，像为新住民发声的《#有你真好》、呼吁把垃圾带离兰屿的《咖希部湾》、伸张性别平等的《UNI-FORM 无限制服》和《用被遗忘的衣物，帮助正在遗忘的人》的 REmemory 回回忆，奥美也持续用创意力和影响力实践我们称为 Force for Good 的精神。

Unilever 全球 CMO Keith Weed 的著名演说 *Marketing for People* 是我在戛纳听过最棒的一堂课，而我也很听话地跟着这样做。不是为了得奖，国际广告奖评审有个潜规则，由于没有客户和市场的限制，公益广告会被用更严格的标准检视，而且不会给予全场大奖。作为一个创意人，理当关心身处的世界，努力通过创作去帮助人，这样做不一定能变成优秀创意人，但会让你真正感觉到自己是一个人。

66 | Marketing for People
　　创意为人

　　我在 2015 和 2016 连续两年去了戛纳创意节，第一年的第一个大早有幸听到 Keith Weed 那场知名的 *Marketing for People* 演讲。他穿着鲜艳夺目的荧光绿西服，介绍 Unilever 正在实践的理念，寻找与品牌相关的社会课题或人类困境，用商业营销的资源提供解决之道。"你做的广告救了多少人？"这样的量化数据甚至成为评估品牌经理的 KPI。多芬倡议的 Real Beauty，不再诉求产品如何让女人变得更美，而是要她们相信自己天生的样子有多美，正是最佳范例。结果是 Unilever 旗下 15% 投入 Marketing for People 项目的品牌，贡献了全球成长的 60%，事实证明善意绝对可以是桩好生意。他邀请现场所有掌握传播和媒体资源的人、企业和品牌一起成为"公民团体"，做有益于人类社会的事。那真是场令人振奋、瞬间醒透的晨间演说，也为当年的戛纳定了调。

　　延续相同方向，隔年联合国秘书长潘基文上台拉起全球六大营销传播集团头目的手，要他们承诺为达成十七项永续发展目标 SDGs 的愿景共同努力，一起从事反贫穷、爱地球的行动，让世界变得更好。这两场演讲影响了之后戛纳评奖的评审标准，创意作品必须对人类、社会、世界有所帮助，而且最好还是商业案，改变了广告营销产业的价值观，以及我的生涯。

身为一个曾经怀抱理想的愤青,我入行前一度发誓要用创意的力量做对人类社会有意义的事情,结果发现以营利为导向的广告公司根本就是资本主义的代表产物,经常飘散着让人作呕的铜臭味,所谓公益只是少之又少的偶一为之,这样的领悟让我甚至对自己的工作与身份感到抱歉。

一切在 2015 年之后翻转,我们得以光明正大地以商业广告之名行公益善举之实,把上天赏赐的创意才华拿来为"人"服务。这样做不但能赚钱,还有机会得奖,而且就算你不做,全世界都在做。它是有道理的,尤其是对 FMCG 的商品,当质量、功能与价格差异不大的时候,人们应该会选择把钱花在比较喜爱、认同甚至尊敬的品牌。我的好友奥美 ECD 谢陈欣是个冲浪高手,他曾在海上救过两条人命的事迹,令我对他充满好感和敬意,我想一个"救过人"的品牌也拥有同款魅力吧!

在那之后我们做了复兴节俭美德的《全联经济美学》、对抗空气污染的远传电信《# 我的未来我来救》儿童防毒面具、不只爱人更要爱鬼的全联中元 campaign、解决兰屿垃圾问题的《咖希部湾》、对新住民说谢谢的《# 有你真好》、拥抱性别多元自主的《UNI-FORM 无限制服》,还有帮失智长辈重拾信心的时尚品牌REmemory回回忆，让我的美梦成真，让我更喜欢我的工作，也让身为广告人的我得以抬头挺胸。曾任奥美全球CCO的印度广告教父Piyush Pandey说："给我一支笔和一个议题，我就可以改变世界。"一点也没在说大话。

67 | 我把广告当成一个中年男子与社会的对话

我喜欢把复杂的事情归纳整理成简单的比喻，这样我会比较清楚自己在干吗，做的时候也觉得好玩一点，甚至更有价值。

我曾经把广告创意当成"用一个好方法，把一个好朋友，介绍给另一个好朋友"。里面的第一个好朋友是客户的品牌、产品或服务，第二个好朋友是消费者，好方法则是没人做过的、创新的、合适的点子，想方设法让我的两个好朋友可以来电在一起，这样的工作是不是挺有趣的？

当我越来越清楚广告行业的本质，就像李奥·贝纳所说的："广告应该是温暖而有人性的，同时亦是关乎人的需求、梦想和希望。"同时媒体环境的变迁和数字社群的发展让传播沟通从单向给予逐渐转为双向互动，这个简单的比喻在我有点年纪和资历后被进阶成"我把广告当成一个 _____ 与社会的对话"。请在空格中填入自己的身份，可以是小资女、美少男、Z世代、知青、文青、愤青、卫道人士、改革派……我的话，目前是中年男子。

我们从客户的品牌、产品或服务找到相关的议题，提出我们的观点或主张，寻求消费者的答复和回应，进而产生对话。从小我就喜欢别人跟我对话，说直白点就是爱聊天，可以聊环保、教育、金钱观、运动精神、家庭关系、医疗保健、贫富差距、人口老化、世代正义、爱、生死、反战、文化认同、性别平权、网络霸凌、3C 上瘾……从内子宫聊到外太空。这样的工作是不是有意义多了?

68 广告之"美"从何而来?

以下是发想全联经济美学时我写的一段概念文字:

过往在网络上搜寻"经济美学",你会得到约 5,180,000 个结果,不过全都是在说"美学经济"……

的确,说到经济,我常常会联想到实惠、省钱、廉价、cheap、小气或者爱计较……这些很难跟美扯上什么关系的词语,后来我才发现,那里头其实存在着很有美感的态度。

菜贩陈树菊省吃俭用只为把钱捐给需要帮助的人,广告大导演罗景壬每一次都把片场便当里的饭菜吃光光,庙街小公主海绵力总是多走几分钟用散步的心情去全联买比较便宜的鲜奶或高洁丝卫生棉……是不是都有一种美的感觉?

用比较少的钱买进一样好的东西,蛮美的。

懂得珍惜自己或别人辛苦赚来的血汗钱,蛮美的。

让看似平凡的每一块钱发出闪闪动人的光,蛮美的。

看着小猪储钱罐一天一天慢慢长大,蛮美的。

拥有一颗像妈妈般精打细算的脑袋,蛮美的。

能够把钱花得漂亮、花得有艺术,蛮美的。

做一个实实在在的年轻人,蛮美的。

将浪费、挥霍、奢侈的字眼通通删除掉,蛮美的。
…………
以上种种,我真心觉得,蛮美的。

我想全联经济美学指的是发现并相信,用经济的方式过生活这件事,其实还蛮美的。

而人们所说的广告美学、美感,其中那个"美",除去形式和实质的体现,我真心觉得也期盼更多的是关于人性、情感、善良、希望、共好和爱……种种美丽的存在。

69 | 比广告还要多一点的什么

如果只是想做好广告,是不会做出好广告的。

广告是美学,广告是文学,广告是电影,广告是娱乐内容,广告是行为艺术……在这样的基础和标准上做广告,是不是感觉比较能做出好作品?

我在 One Show 颁奖典礼听到有人说:"We are not making advertisements. We are making cultures." 你不是在创作广告,你是在创造文化。我们真的是同行吗?当然是,如果我们提醒自己,能不能比广告再多一点?

多一点什么?可能是文化、善良、情怀、美、爱,或者难以形容言喻的"诗意",对,诗意,我喜欢这个说法,在广告的文本之外,产生了某种能够与人心共振的东西。Leonard Koren 写的 **WHAT ARTISTS DO** 有段描述十分传神:"艺术之所以重要,是因为艺术属于现实的那个朦胧、无法量化的范畴,我们有时称之为'诗意'。宗教、魔法,甚至爱、美,和其他非理性理解形式亦属于这个范畴,诗意超越了现实人生之必需,却又是我们赋予自己身份认同的构成。此外,重要的是,诗意是快乐、希望、享受与惊叹的泉源;而当部分的人们令我们失望,上天却似乎不愿插手的时候,诗意又成了安抚与慰藉之源。"

一如在纪录片 *ART & COPY* 中，创造 Apple 经典广告《1984》，与乔布斯合作长达三十年的大师 Lee Clow 说："我对客户有更高的期待，热切希望他们能够、应该或努力比现在做得更好。我们要告诉他们，你可以不仅仅做一间宠物食品公司，你可以爱狗而不仅仅是饲养狗。"撰写《大创意》的传奇广告狂人 George Lois 也说："我讨厌体制，我讨厌现状，我们在改变这个世界，而且大家都很尊重这一点。他们真的明白你在改变一个文化，在发表能够直击心灵的政治和形象宣言，在探讨你认为生命到底是为了什么。这是我这一辈子做广告想要做到的。"对我而言这些都是在广告世界里追求诗意的白话文，永远要做得比广告还要多一点什么。

老派

上个世纪的人才会说的话,现在还在说,就成了经典。

old fashioned

70 | 学着把挫折当饭吃

创意这行大概是世界上挫折感最大的工作，先别说提案没过，即使提过了一路，另外那一路、两路甚至三路一样算是阵亡了，更别说那一卡车在发想过程中被老板、partner 或自己杀掉的点子，它们都是你脑袋辛苦产下的宝贝孩子，就像亲生骨肉被杀害的惨剧不断上演、无限轮回，如果没办法面对、承受，再热血的青年也难逃阵亡命运。

还好我工作的第一年就遇到老杜，我很好奇他以前都是怎么看待 idea 被老板或客户枪毙这件事，他说他会跟自己说："老子还年轻，有的是 idea，你杀得了我一个 idea，杀不了我千千万万个 idea。""怎么很像精子？"我问。他答："就是呀。"

面对挫折最好的办法就是往前看，往前看下一个案子，再说一次，这是这行最辛苦也最幸运的事，前面永远有下一个案子等着你，一个重新出发、拥有无限可能的机会。那成功呢？这行当然也有不少令人欣喜、振奋的时刻，面对成功，小心别沉溺其中，一样还是要往前看下一个案子。

71 | 我们正在做罗斯福不做总统最想做的工作

罗斯福说:"不做总统,就做广告人。"第一次看到时我以为他疯了,大卫·奥格威《一个广告人的自白》中有其原话:"如果我能重新选择生活,任我挑选职业,我想我会进广告界。若不是有广告来传播高水平的知识,过去半个世纪各阶层人民现代文明水平的普遍提高是不可能的。"那个年代广告可是能够创造文化、引领潮流、众所向往的伟大行业。

因为广告总是为品牌、产品或服务,向消费者提供一个更美好而令人憧憬的生活样貌,本质上就是对身处的世界散播正能量。因为广告在做的两件事——沟通和娱乐,传递、分享讯息,让人哭让人笑、觉得感动或愉悦,都是了不起的事。因为许多广告更触及愿景、价值观和梦想,它们启迪思想、鼓舞人心甚至激励行动,大众银行的《梦骑士》给人们勇气去完成想做的事,《全联经济美学》教新一代重新拥抱传统节俭美德。

因为我没忘记在 One Show 颁奖典礼上,一位美国广告大叔铿锵有力的得奖感言:"We are not making advertisements. We are making cultures."我们的工作很重要,不只是制造广告而已,我们用创意去反映时代、影响社会、带动趋势,就像 NIKE Just Do It 在台湾的《#不客气了》大声告诉生长在 BBC 笔下"道歉之岛"

上，过分有礼貌、好教养反而变得太客气、缺乏竞争力的年轻人，该你上场的时候，"客气，也要很不客气"。

我们是罗斯福不做总统的话最想成为的人，而且如果你跟我一样，一点也没有想要当总统，我们的工作不就成为世上最棒的工作？所以我们必须好好干，让我们的产出拥有那样的高度和价值。

72 | 我不打领带，但我心里有条红领带

2008年7月的一个夜晚，我的好兄弟林宗纬被奥格威征召去天国做广告，为了纪念他，也传承他的精神、态度，我们成立了"红领带奖学金计划"，到现在已经堂堂进入第十四届了。

取名"红领带"是因为Terence非常喜欢穿西装打领带，连酷热的夏天也坚持穿得有模有样，甚至因此在AE时期就被别人误认为总经理。我这辈子第一次打领带就是大四时在花旗银行公益营销奖颁奖典礼的后台，并列首奖的林宗纬同学帮我打的。他跟我说过，像律师和银行家这些被社会尊敬的工作者总是穿着正式体面，为什么广告人不？我们难道不该尊敬自己的行业吗？所以对我而言，红领带代表着广告业的自尊。

他说这里聚集了太多聪明绝顶、见识不凡、品味卓著的人，所以我们必须每天努力让自己变得更好。他相信我们在做的事情，能扰动社会、感染人心，创造价值和意义，甚至可以改变世界。他认为这是一份好玩、有趣的工作，所以我们工作的时候一定要好玩、有趣。他总是认真率直地表达意见、提供观点，不好的就严厉批判，好的更要大声称赞。他尊敬资深人员并向前辈学习，也照顾新进同人不吝给予指导。他可以为了一句slogan的用字，跟我在北京新城国际住所的阳台上争论到三更半夜……因为

他尊敬自己在做的事情。

  这些在新时代里看起来很 old fashioned 的东西，因为他而有了值得被传承下去的理由，老派有其必要。红领带计划培育出将近百位超优质的广告新星，他们有些在奥美，有些在不同的广告代理公司、在客户端，或者在不同的行业发光发热，而且这股力量还在持续长大。

  我好像听到那个熟悉的爽朗笑声，我猜人在 Ogilvy Heaven 的 Terence 肯定在那边暗爽，这份对行业的自尊得以后继有人，有人可以帮助我们完成那个未竟的天空之城。

73 | 全联先生三十周年纪念

许多人很好奇全联先生是怎么来的,认为他是个精心规划的代言人营销范例,真正的答案其实是误打误撞然后摸着石头过河到现在的机缘巧合。

2006年是奥美第一年做全联,第一支片《找不到》没有主要角色,由张恒泰导演拍摄拿下时报广告金像奖全场大奖。罗景壬导演在第二支片《豪华旗舰店》时加入,我们需要一个类似主持人的角色介绍卖场,试镜了超过五十位演员还找不到合适人选,蓝月电影的监制白历袁白姊突发奇想提议:"你们觉得Ralf怎么样?"本名邱彦翔的Ralf是我们的共同朋友,爆料一下,当时他正处失业低潮躲在金山学人家出租冲浪板当教练。我觉得他好像可以但又不是那么确定,情义相挺的成分居多吧,决定硬着头皮推他来拍拍广告赚点钱。没想到,不只顺利通过客户那关,幽默有趣的脚本,经过罗导巧妙的桥段设定,加上Ralf天生憨厚又带点傻气的微妙喜感,影片竟一炮而红,开始有人叫他"全联先生",人生从谷底反弹。

发想第二年的创意时,并没预设或者一定要沿用全联先生,结果脚本出来是通过一系列的实验向消费者证明"便宜一样有好货",同样需要一位主持人,全联先生于是再度登台,这一炮,更红了，第三年的《国民省钱运动》就是不能没有他而量身打造的本子了。此后，奥美的创意＋罗景壬的执导＋邱彦翔的演出，让以全联先生为代表的全联广告成为一种好笑的保证，好像我们跟观众的一种约定，只要听到那个声音矬矬的开场白"全联福利中心……"赶快冲到荧幕前，30 秒之后这个家伙一定会让你不争气地嘴角上扬，甚至笑到喷饭、歪腰。

现任总经理蔡笃昌和营销协理刘鸿征的新团队接手掌舵时，我原本一度担心全联先生会不会"失宠"，没想到内行的他们反而更加拥抱这个属于全联长期累积的品牌资产，除了广告片，就连店头制作物、社群影音内容、公关活动处处可见他的身影。

当初基于情义的无心插柳，出乎意料造就了属于全联、奥美、罗导和邱彦翔本人的代表作，走红十六年的全联先生应该早已成为台湾广告史上最长寿的品牌代言人。虽说所有的成功经验都不该也无法被复制，虽说要持续推陈出新、提升笑点难度越来越高，虽说世事总是难料、计划永远赶不上变化，我仍然浪漫地盼望 2036 年的某一天，全联广告还是由那句人们耳熟能详的"全联福利中心……"开场，年过花甲的全联先生依旧西装笔挺现身，到时的我看了，应该不只会笑，还会流下老泪吧！

74 做久了，就是你的

许多人说我是奥美宝宝，不管待在奥美，或者做广告创意这件事，都是从一而终，一晃眼二十年就过去了。

《500辑》"优人物"专访时记者问我从小文案做到创意长二十年的心得，我的答案是"做久了，就是你的"。"不是坐喔，是DO的意思。"我补充。我非常喜欢时间的概念，等待、酝酿或维持都需要时间，时间的累积很迷人，充满美感，时间是宝贵的，虽然有点残酷，但它却永远是公平的。

我遇过许多比我聪明、有天分的年轻创意，他们想得很多，想试试这个，想看看那个，不顺心、遇到瓶颈、太安逸、疲乏了或者有新机会来敲门，什么都还没学成，什么都没做出来，就离开了。比较笨的我，选择留在原位，是奥美，也是广告创意的工作，不能说完全没有想东想西，但大部分的时间就是做，案子、作品、知识、经验和团队一点一滴地累积，某天回头一看，才发现竟然做出那么多东西，而且扎扎实实都是我的，谁也抢不走。

另一个心得是像阿力为鲜茶道做的颜振发师傅《永远的新鲜人》里头说的"把每一天，都当作第一天"。差不多就是二十年如一日的意思，保持新鲜、延续热情，其实没别的，还是为了帮助时间能累积下去。

有句鼓励购物消费的劝败文:"钱没有不见,它只是变成你喜欢的样子。"我觉得超有道理,既然时间就是金钱,说成"时间没有不见,它会变成你努力之后的样子",好像也很不赖。

叛逆

George Lois、Lee Clow 和孙大伟都有的 DNA,让人一辈子活在青春期。

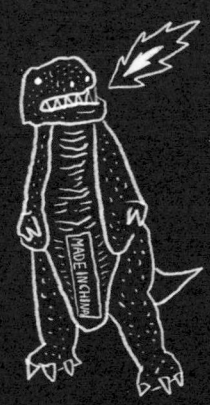

75 | "这样不好吧？" 嗯，就是它了！

跟别人讲 idea 的时候，只要听到"这样不好吧？"这几个关键字，或者不要不要之类的 worry 反应，我就会很兴奋，决定偏要干下去。不是我任性、反骨（好啦，当然也有一点），而是让人害怕、不安的想法往往比较刺激，那里头有创意需要的张力和话题性。另外，人们之所以担心或恐惧是因为未知，也因为不敢去做所以还没人做过，这些都代表只要你做出来，很可能就是与众不同的第一个。

多年前某届广告节活动在新北盛大举办，每家广告公司都要准备一个"非广告"表演进行竞赛，Daniel 李景宏是那年广告协会的理事长，他下达军令给刚升 ACD 就被指派这个工作的我，一定要把冠军留在奥美。我的 idea 是致敬泰国福特货卡《大金刚篇》，由猩猩和蕉农联手推荐台湾蕉，拜托大家一起用行动帮忙解决当时香蕉生产过剩的问题，结尾的高潮是把一千根香蕉从台上往台下丢，那时间点刚好下午茶肚子正饿，来宾们一定会疯狂抢食……"广告节是正式场合这样不好吧？""现场有很多政府官员 OK 吗？""会不会有人踩到香蕉皮滑倒？""打到新北市长的头怎么办？"同事们的集体忧虑，告诉我这是个好点子，我力排众议说服团队勇往直前，但我们必须多做一件事，就是预先设想周全，确保这些可能的问题不会发生。最后，当一千根香蕉像下雨一样落入观众席，学生、同业和官员全部站起身来你拾我捡、你争我夺的超现实互动盛况，还有上千人一起吃香蕉的壮观场面，让我不负使命成功完成任务。

"说自己的缺点可以吗？""交换灵魂的危险动作不怕被模仿吗？""超人装会有人想穿吗？""真的要拍好兄弟吗？""梅西倒在地上像话吗？"……总之通关密语就是"这样不好吧？"它的意思是"这样就对了！"

76 | 勇敢向成功模式说不

别让一时的"成功",成为依循的"模式"。

虽然在很多领域、行业,这样做确实很有用,但在广告的世界、讲求创意的地方,套用成功模式无疑就是自寻死路、自甘堕落、自暴自弃的危险行为。

复制某种成功,本身就缺乏原创性,更何况,那将扼杀其他更成功的无限可能。早年服务 GSK 感冒药的时候,澳洲市场的某支 TVC 获得了空前的成功,客户的亚太区于是依样画葫芦发展出一个脚本 format:从感冒时与世界 Disconnected 到吃药痊愈后重新 Reconnected,规定所有广告片都必须遵守,只要挑选好主角的身份、职业套进去,big idea 就出来了。我们和不同国家的创意人员还一起集合到香港参加这套胜利方程式 kick off 的 workshop,做出澳洲那支片子的创意总监应邀前来分享创作要诀,他开头却跟所有人道歉,说自己不是为了今天的结果而创作这样的影片,最后它变成一个大家要依循的成功模式,他觉得既荒谬又愚蠢……现场气氛被这席话弄得尴尬无比,我在心中为他的勇气热烈鼓掌。没错,成功是无法复制的,通往目的地的其他路径也不应该被限制。

不过,习作、演练还是乖乖按表操课进行了整整两天,从

Disconnected 到 Reconnected 的模式也像圣经一样被遵循了好几年，直到确定它不会带来成功为止。

77 为什么别人的广告比较好？因为你不敢呀！

全联福利中心第一年的广告《找不到》《豪华旗舰店》和隔年的《便宜一样有好货》爆红之后，对我造成不少困扰，有几个客户在我们提案完或交片后问我："为什么你帮全联做的广告比较好？"这个问题真的够狠，言下之意就是他认为我们现在提的案或交的片并不好。

在几次不知如何是好与不好意思开口后，我终于忍不住给了某位客户一个更狠的答案："如果是你，敢说你的店面都找不到吗？敢说你什么都没有、什么都不好吗？敢把网络上对你们产品或服务的质疑直接拿出来讲吗？"我忘了他回我什么了，只记得现场气氛十分尴尬。

全联福利中心广告的成功之处在"勇于与众不同"，所有的广告都在讲品牌的优点，只有他们大谈自己的缺点（当然切入后都能巧妙转换成正面诉求）。一样都是我做的，"为什么别人的广告比较好？"很明显真正重要的原因是广告背后有个品位过人、心胸开阔，而且比你勇敢的好客户。

78 | 拥抱小数据

据说,大数据伴随工业 4.0 快速发展,被广泛应用在搜集资料、分析行为需求、加速决策判断、降低投资风险及成本、提高生产力与收益、优化客户体验、提升生活质量、强化运动性能、增进金融及医疗发展……尤其是对于营销领域无远弗届的影响,整个业界都在迎接大数据时代的来临。

虽然我的许多广告作品也受惠大数据加持,得以更精准且有效地发挥,但基于对数字和科技的天生脑残,大数据始终还是让我很恐惧。所以,我发明了小数据,在相对可控的范围之内,存在我们身上的数据或者资料,也可以说就是我们的小宇宙。小数据的内容涵盖记忆、生活、情感、直觉、知识、信念、经验和故事,若是能妥善地撷取、运用,相比于透过规模寻找共同性,独特而深刻的个人体验,绝对具备足够能量激起见微知著的共鸣和同理效应,创造就像圣斗士星矢"燃烧吧!我的小宇宙!"那样巨大的爆发力。而且认真算起来,起码截至此刻为止,小数据对我的帮助,依旧远远胜过大数据。

迎接大数据,千万也别忘了拥抱小数据。

79 | 别被社群冲昏头，
去接触真的人

我现在没有 LINE，也没 WeChat，鲜少上 Facebook，几乎不用 Instagram。说起来有点故意，想要享受某种孤僻和清静，有人提醒我不要小看或错过社群的力量，我想问的是，社群真有那么大的影响力吗？

在我还算活跃于脸书的年代，曾经因为一个"厕所门"的陈年细故，发文不小心介入了第九届台湾地区民意代表选战。那段某位候选人不愿告诉尿急的我厕所在哪儿的往事，打破我个人脸书史上点赞、留言、分享最多的纪录，也引来觉醒青年对我群起攻之："我没想到你是这种人！""对你太失望了！""这样会让×××当选的。"……几乎就要淹没我的版面和私讯。后来对手候选人阵营未经同意引用了我的 PO 文，我一怒之下又发了一篇把那位前民意代表痛骂一顿，原本攻击我的人纷纷转向"抱歉，误会你了""好样的""我就知道你不是这种人"……还有人称赞"真是神操作，大逆转！"风波终于平息，我莫名其妙安全下车。

前后大概一周左右的时间，我的世界纷扰动荡，我被搞得心烦意乱，这绝对是我亲身经历过最大的社群事件了。后来有机会跟朋友聊起此事，才赫然发现，原来，几乎没人知道！那些我以为的声量，只不过是朋友圈、同温层、算法和心理放大作用编织而成的假象，在里头激烈攻防的我们这一小撮乡民、网友，都像傻瓜一样被社群冲昏了头。

不要过分相信所谓的社群效应，对于那些批评不用太在意，赞美也不必太走心，因为它可能远比你以为的更少数、更渺小，甚至根本微不足道。去接触真实的世界，或者至少是真正值得你去关心、在乎的人。

80 | 我们正一起走在去死的路上？

Scott Galloway 教授在 2016 年一场名为 DEATH OF THE ADVERTISING INDUSTRIAL COMPLEX 的演讲中，提出网络社群带来消费者购买决策过程的根本性改变、新媒体开始提供付费甚至免费关闭广告功能的服务、快速消费品产业广告投资量前十名的品牌生意成长普遍大幅低于所属产业类别的平均值、企业开始将营销预算转往电商发展及店头体验等证据，宣判广告的死刑，我们这群人也因此成为并肩走在死路上的同伴。

我反复观看 26 分钟的演讲内容，在这几年我们依然为客户创造的成功案例，也在曾经听过读过大师的真知灼见里寻找答案，经过冷静的思考辩证，天生的乐观基因加上不服输的臭脾气作祟，我想举手说："我不同意！"

Galloway 说的都是关于讯息、媒体、技术、质量、价格、口碑、体验、接触时机……那些"很左脑"的事情，与右脑相关的认同、喜爱、梦、偏心、大理想、黑魔法、情绪、非你不可……却只字未提。有次和 Eugene 吃饭时他跟我说他有四个孩子，老大是律师，老二是医生，老三在广告公司实习……我问他："那老三以后要做广告吗？"他回答："可能不会吧，因为他说广告很无聊，你们广告公司在做的，都是会被 AI 取代的事情。"我们都笑了，因为某种程度上这真是有点苦涩却难以反驳的事实。而 Galloway 说的那些，就是"会被 AI 取代"的广告，注重理性的逻辑演算，追求快速、大量，有效地复制成功先例；而不是感性的情绪反应，经营深度、质感，勇敢地跳脱既有框架。我们应该创造的是跟消费者右脑沟通的广告，用我们在爆炸信息、复杂媒体环境、数字与技术导向和生意成长压力下正逐渐退化的右脑去思考，而不是把心力放在有朝一日会被 AI 取代的工作上，就像 Eugene 接着说的："这就是为什么我们应该创造更多触动人心的 campaign！"

IPA 广告从业者协会的研究证明获得广告奖肯定的好的广告拥有 11 倍的销售力（最新的数据为 16 倍），那么 Galloway 口中那些无所不用其极在各种渠道投下巨额广告预算却无法带来相应成长的大品牌，到底出了什么问题？或许不是广告无效，而是广告不好！广告不会死掉，会死掉的是烂广告，那是我们不断在消费者周围制造的垃圾，那是 AI 就能做出来的东西。

Galloway 自己也说，他曾在 2015 年初时预言过 Amazon 的衰退、灭亡，结果非但不是如此，Amazon 在不被看好的困境中找到突破之道，从电商龙头蜕变成虚实整合的物联网中枢，创办人 Jeff Bezos 更因为股价飙涨而成为全球首富，调侃自己也有看走眼的时候。重点是走在去死的路上，你能不能搞清楚问题到底在哪里，改变路径，找到生存之道。

借用 contenTable 为宇宙人做的专辑命名《右脑 RIGHT

NOW》，正是我们此刻唯一的逃生出口！广告应该是以创意为核心价值的产业，我们用右脑与右脑对话，让人笑、让人哭，我们抚慰人心，让人感到温暖疗愈，我们是大娱乐家，也是思想、观点的启发者。

我想约你一起重新打开快要生锈的右脑，用以下的关键字提醒自己，从我们手中创作出来的东西必须有的样子，指引我们朝正确的方向迈进。它们分别是：

CAMPAIGN

这里说的不是包山包海、规模，而是足以被称为 CAMPAIGN 的重量。

MEANING

像余光中的诗、罗大佑的歌、侯孝贤的电影那样，具有隽永的意义。

CULTURE

"We are not making advertisements. We are making cultures."

感动

胸口扑通扑通跳，起鸡皮疙瘩，眼眶湿湿的。

与社会对话

跟所有的创作者一样,说故事是为了与社会对话,而我们的工具是广告。

那是我们做的

你敢承认吗?又或者你想大声宣告,这个骗不了人!

我们正一起走在去死的路上?我想任性、反骨地往我觉得真正行得通的,或者说真正应该走的正路上前去,即使仍是死路一条,我想,也走得轰轰烈烈。

(本文是偷懒抄录我在《观点》上的文章。)

反省

记得抽空回头看看自己,还是不是自己喜欢的样子。

81 | 你是谁，看你的创意就知道了

我刚入行时，公司里有两种创意人，一种是穿得很怎么样，前卫庞克好像摇滚巨星，或者潮流有型不输时尚模特的"视觉系创意"，另一种则是穿得不怎么样，跟我一样……普通的创意。

物以类聚似乎真有其事，我、阿明、阿俊和 CD 宗希武小武哥这一派，总是非常有默契地牛仔裤配 T-shirt，了不起 Polo 衫或衬衫，就跟大学生差不多。记得有次我们去提案还被客户嫌弃"可以请你们下次穿得像创意一点吗？"像创意一点是怎样？我立刻把目光投向当时的老板，创意部的大头目 ECD 杜致成身上。老杜穿什么？他穿得更单调无趣，仿佛创意世界的乔布斯，万年不变，每天都是一个样，白色或米色的长袖衬衫扎在中蓝牛仔裤里，咖啡色的皮带上系着经久使用而泛着光泽的皮制腰包，脚踩一双黑色高筒工作靴……如果我们像大学生，他大概了不起就是大我们几届的助教学长吧！

有天中午吃饭时我跟老杜聊到几个很会穿的同事，还有"怎样穿才能更像创意一点？"他告诉我创意的世界是这样的，不管你穿怎样，挂什么 title，如何卖弄作势、搞怪摆谱，会说话还是不会说话……你是谁，一旦你拿出你的创意摆在桌上就知道了，一目了然、清清楚楚，半点也骗不了人。他说："好好做个实力派的创意人吧！"这个忠告，我一直谨记在心。

82 自作孽不可活

我遇过的好创意都有一个共通的特质，就是固执，很难……或者绝不妥协。因为妥协很简单，却是要付出代价的，那个代价可能会让你痛不欲生、生不如死。

你给了客户他要（而你不喜欢）的，你接受了你不认同的修改，你屈就时间、预算而缩减了执行规模或质量……这些会让人们认为你不是个难搞的创意，或者你真是个上道的创意，而你自己也可能因此而舒服个一时半晌。但麻烦在后面，你提的烂点子通过了，代表你得花更多时间执行令你无感甚至作呕的烂东西，你依然必须认真努力，虽然明知认真努力也没有意义，你会眼睁睁目送亲手做出的烂广告出街而不愿承认与它有关，你恨不得找个洞钻，期待噩梦赶快结束，却没想到一播就是好几年，甚至因为网络、云端而永世流传，阴魂不散地成为你最害怕的恐怖片。

当然我也曾经做过这样的蠢事，不要心存侥幸，人们就是会知道那是你的大作。有次某个烂广告播出之后竟然得到不错的回响（但这并无法改变它烂的事实），消息灵通的《动脑》杂志记者打来电话请我聊聊创作过程。"嗯……"因为感到丢脸，羞愧得无地自容，一时之间不知所措的我最后一个字也没说，就像鸵鸟把头埋进沙里一样干脆把电话挂了。

83 | 太认真就输了

不认真绝不会赢，但太过认真却可能会输。

"太认真就输了。"是我好兄弟林宗纬的名言金句之一。这里的"认真"说的不是过程的努力、讲究，而是对结果的在意；这里的"输"指的不是真的失败，而是心态、感受上的挫折、沮丧。

2012年全联福利中心《我的梦想》campaign，在深坑店前面的大草坪搭设像白宫一样的讲台，找来一百个素人上去演说"你会用在全联省下的钱实现什么梦想？"我们从被剪辑出来的六十位中挑选了四十位上片，他们的梦想渺小却很伟大，足以成为30秒的TVC，向全世界大声宣告。

原本计划分两波，二十支二十支上片，后来因为董事长认为四十支数量实在太大，会让人们以为全联砸很多钱拍广告，担心社会观感不佳，所以缩减规模只上第一波的二十支。这是可以讨论的假设，某种程度上也是合理的决策，但突如其来的晴天霹雳却让我的心情从云端跌落谷底。当时因为生了场怪病正在住院的罗景壬导演传讯息问我，为什么他在医院一直转台想找我们合作的广告却好像很多人都不见了。我跟他说明了原委，他跟我一样失望甚至感到难过，因为这些可爱的小人物愿意站上舞台勇敢地说出也许微不足道的梦想，我们觉得自己有责任要尽所能让他们被看到、被听见。

那个下午我无法工作，一个人跑去公司楼下的公园，静静地坐在长椅上消化情绪，同时思考要如何面对这个木已成舟的事实。"这明明就是全联的广告、客户的品牌，为什么到头来最痛、最苦、被伤害最深的却是我和罗导？"答案全怪我们这些搞创作的，太认真了！"太认真就输了。"我的脑中浮现出 Terence 的话语和声音。而事实上愿意一次让二十位素人的广告上片，相对而言已经是有情怀也够大气了，全联始终还是令人尊敬的好客户。

从此之后，我总是提醒自己要认真想、认真做创意，但面对不可控的结果，千万不要太认真，虽然有点困难却必须如此，谁叫我不喜欢输的感觉。

84 | 没有烂客户，只有不会做的烂创意

创意不好怎么办？最简单的，就是推给客户。

我听过太多创意人跟我抱怨客户不好或者手上服务的品牌缺乏创意空间，这当然是很可能的事，但更多的时候，是自己做出烂广告或者没有好作品的借口。

我记得我做远传易付卡广告的时候，想了二十几支脚本终于卖掉"随机采访消费者献唱量身创作主题歌曲"的有趣点子，我们去远企大楼当面提给徐旭东先生，一边讲一边自弹自唱，好不容易拍板后，却在进入执行准备拍摄前被客户翻案，说希望把重点放在商品利益点而非歌颂消费者。所剩的时间无多，本来想放弃就照客户要的给他，拍过电影《莎莎嘉嘉站起来》的导演 Maisy 说不管怎样我们还是要坚持做对得起自己的东西，也许可以试试用王家卫电影角色独白的方式融入商品利益点，拍出一种情调……我们两晚没睡重做脚本，客户买单后拍出系列三支影片。上片那星期我接到时任智威汤逊副执行创意总监董家庆的电话，董哥说没什么事，只是想认识我，然后以一个曾经做过远传易付卡，知道这个客户一点也不容易对付的创意身份跟我说"干得好！"真的很激励人心，后来这个作品还拿了时报广告金像奖。

跟我合作多年的资深创意总监吴至伦伦哥常说，我们这组大

中小队经常被分到别人眼中"难搞"的客户，但他觉得很有挑战性也更有成就感的是，我们就是有本事搞定它，然后把它变成"得奖"客户。有一年 Eugene 来台湾放了刚完成的旁氏男士控油洗面乳 TVC 给我们看，一位裸上身的健美猛男来到餐厅的情侣雅座前，伸手抹起男子脸上出的油把自己的大肌肉擦得光亮，很难相信这支笑翻全场的得奖作品竟然是联合利华的广告，创意是新加坡奥美的 CCO 法国人 Nicolas Courant，这到底是怎么办到的？Eugene 说面对难搞的客户最好的办法，就是派最好的创意上。

所以到底是客户烂，还是创意烂？我们自己知道答案。

85 | 创意无限，有所不为

不是说创意无限，那有什么不能的吗？有。有些不行，就是不行。

除了最基本的不作假，举凡政治、宗教、种族、性别和特定敏感议题都是我们不准碰也不许做的。请注意，广告创意并非个人创作，这是客户的品牌，你必须对它负责，尽全力保护它，不让它遭受任何可能的伤害。有专业素养和道德良知的代理商或创意人，绝对无法容忍自己亲手将热爱的客户品牌推向险境。

全联福利中心的中元节 campaign《谢谢你让好事发生》请来这块土地上不同年代背景的好兄弟（姊妹）现身说法向参与普度的台湾人民表示感谢，有日据时期受日本教育的母女、外省来台落地生根的退伍老兵……原本温暖善良的美意，却因为其中讲"台语"的知识青年 Allen Chen 被影射是白色恐怖受害者陈文成先生而引发轩然大波，一夕之间风向大变，当时许多媒体报道（攻击）、网络讨论（批评）说这是奥美的"神操作"。我所敬重的资深广告前辈黄文博老师受访时一语道破："一个专业、正派的广告公司，怎么可能去做伤害自己客户品牌的事？"身为这个创意的发想者，我想我是最有资格或者最清楚真相可以证明并没有这件事的人，简单说，很抱歉在此之前我连陈文成是谁都不知道，以及全联是我一手打造、服务十几年的品牌,我应该比谁都珍惜、爱护它。

事件延续的过程中,我甚至收到脸书的陌生讯息,说谢谢我做了勇敢而正确的事情,让更多人知道关于陈博士的历史,要我坚持下去……我从没这个意思,当然也不敢掠美,只回说"不好意思,我根本不认识陈文成"。总之,Allen Chen 不是陈文成,我也不是什么觉醒青年、民主斗士,我只是一个有专业素养、道德良知,知道创意无限但有所不为的创意人。

86 | 客户在说，你有没有在听？

辛苦好一阵子生出的创意，就像你小孩一样，你觉得它好棒、可爱极了，所以你无法理解、面对有人不喜欢或不接受它，你就像小孩一样，捂住双耳，连为什么都听不进去。

这是许多创意人的通病、心魔，但在这行就得明白不管你多努力，客户永远都有说不的权利，而且许多时候他才是真正知道自己品牌需要什么的那个人，不是吗？成熟懂事一点，认真听听看客户为什么不要，或者要的是什么，能帮助你修正原本的提案，甚至打掉重来找到更好的答案。

2020年全联中元节的提案是我们历经前年陈文成冤案后的东山再起，花费大量时间力气却因为过度小心谨慎，把"如何让新世代认识台湾传统鬼怪"的独特策略，演绎成年轻人误入一个象征中元普度的派对，在里头遇到各式各样不同鬼怪，那种有点可想而知的脚本。客户的面无表情说明了他们对这创意没啥感觉，"也许可以修修看"是基于交情和礼貌的客套话，这一部分听听就好。重点从何不各抒己见开始，我跟着竖起耳朵，公关经理栾美云说："我觉得今天的提案超商感很重。"意思可能是它和坊间模仿全联在中元搞鬼的跟风广告差不多，我们随着自己起舞并无推陈出新。营销协理同时也是我敬重的刘鸿征学长翻译解释：

"我们的中元广告好像应该是要带有某种文化与情怀……"

会议的结论是修改提案，我们却决定要重提，三天内带回全新的 idea：在丰盛的供桌前摆上两把台式塑胶红头椅，代表新世代的年轻人与拥有千百年历练的资深鬼怪坐下来，利用普度相逢的片刻时光，展开跨越阴阳时空的世纪对谈。在命名为《#很高兴认识你》的系列中，渴望爱情的女孩与红衣女子谈青春、喜欢、幸福和社群网络，冲浪初心者与水鬼谈抓替身、浪、做人做事和勇敢，迷惘大学生与魔神仔谈蕉李梨、幽默、友谊和存在感。不仅如此，对谈的形式也从影片被延伸成十五只鬼怪用各自的社群账号与网友互动尬聊整个农历七月的真心相伴。关于文化与情怀的提醒，我们都听见并答题了，最后交织出比广告还要多一点什么的诗意。

我不否认，许多很棒的创意都是被客户杀掉的，但就像《#很高兴认识你》，更多伟大的创意是因为客户的拒绝才得以诞生。重点是，你愿不愿意用心倾听客户真正的问题，或者，打破砂锅把它问出来。

87 | We Are What We Do

我刚升 ECD 时，戒不掉之前当文案、CD 一贯的大炮性格，经常对公司的某些政策或现状表示不满与抗议。某次大老板 Daniel 提醒我："你的角色已经不是员工了，你是公司的经营者之一，你该做的不是抱怨，而是想方设法把这里变成你认为对的、好的、你想要的样子。"一语惊醒梦中人，也让我延伸思考，关于大环境的发展和新时代的走向，我们似乎总觉得事与愿违、时不我与，我们习惯用忧虑、困惑、质疑甚至愤怒去反应，而忘了也许我们才是造成这一切的人，以及改变的钥匙根本就在自己手上。

我想说的是，我们是做营销、做广告的人，所谓的营销趋势，或者人们如何看待广告这个行业，其实就是我们这些人干了什么好事，不是吗？不要闪躲，我们每个人都责无旁贷。

撰文

俗称的文案,英文是 COPYWRITER,现在流行叫 WRITER。

88 | 广告文案不是文学

都是写左岸咖啡的文案害的,这些前辈是刘继武、吴心怡和卓圣能,因为写得太好、太美,让人们误以为,广告文案能和文学相提并论。

因为左岸的广告,我曾被一位学校老师邀请去课堂分享,她希望讲题是"广告中的文学",结果我一上台放出 PPT 的第一页却是"广告不是文学"。

广告不是文学,无论就目的、篇幅、价值还是高度来说都沾不上边,没有广告文案曾经获选或可能拿到诺贝尔文学奖,这件事永远不会发生,倒是 Bob Dylan 的歌词得过。所谓广告的文学性,充其量只是在百分之两百的商业意图下,为了娱乐观众所做的精致而动人的伪装,也许说是"文艺腔"还比较贴切。

广告文案必须符合品牌与产品讯息、表现调性、消费者偏好和秒数篇幅等种种限制,那是非常细腻、讲究而严谨的创作技术,而且过程中还要忍受老板和客户的一改再改。虽然 copywriter 也是 writer,但如果你是抱着要当作家、写出文学经典的理想,我会劝你去写小说、诗甚至歌词,千万不要来写广告文案,那会让你痛不欲生。相反地,你有机会拿最佳文案奖,就算 Bob Dylan、海明威、马尔克斯、辛波丝卡或村上春树来写也不一定拿得到,因为广告文案,也真的不是那么好写,所以请好好写。

89 | 只有文案,才能写出文案

文案是种内容,那是广告创意里头的文字。

文案是种身份,那是广告公司里头的职位。

"文案撰写着文案"听起来像什么都没说的废话,但如果你对这种内容和这种身份,有一定程度的理解和尊敬,这句话就生长出了意义。文案撰写着文案,只有堪称文案的人,能写出足以被视为文案的东西。而我一直希望这样的尊敬,不只来自看广告的人、想做广告的人,更应该来自广告人,尤其是文案本人。

文案是一种力量吗?或者说文案有没有力量?那就看,你有多严肃看待你的工作了。

90 一直写一直写一直写

2000年底我加入奥美,没事干一个多月之后写的第一篇文案是平面促销讯息,大概一百五十字我写了三个多小时,拿给我的老板、启蒙导师兼广告娘亲,人称丸子的ACD朱玲瑢看。入行前得过金犊奖,学校作业也常被老师夸奖,习惯性等待被称赞的我,在她皱起眉头不发一语反复观看空气凝结五分钟后,得到文案生涯的第一句评语劈头就是"你写得很烂耶!"

我终于知道,没有人天生就会写文案,也没有人有义务先鼓励你"还不错喔!"再告诉你哪里错了。接下来的半年,我就过着天天被骂,文案像改小学生作业那样被红笔画来画去,重写重写再重写的悲惨日子。写了四五遍好不容易通过后,丸子会从抽屉里拿出一张她的文案叫我给ART,一开始我有点不爽,但想想才恍然大悟,师父兼娘亲其实早就写好了,直接用多省事,却愿意花时间、力气看我写的大便,一字一句教我,骂我,不知要枉死几千几万个细胞,真的是用心良苦。于是,我非常乖顺地受教,一改再改,一直写一直写一直写……心里想着我要写得更好,我要写到让丸子的细胞少死一些、皱眉纹可以变淡一点,我要写到有一天她一个字也不想改。

就这样,我越写越好,好到连我自己都偷笑。终于有一天,虽然她还是意思意思改了几个字,但她的文案没再出现,后来给ART的都是我的版本。

  如果觉得我的故事很励志,文案大前辈刘继武的左岸咖啡《车站篇》,短短三十几个字,据说写了超过五十个版本,简直是可歌可泣。无论如何,我对丸子充满感激,她教会我太多太多事情,尤其是想写好文案,就是一直写一直写一直写……

91 | 先求对，再求好

"写得真好，但完全不对。""文字很美丽，可惜没半点意义。"我在看文案写文案时，脑袋经常浮现这些句子，好啦，也是经常就直接脱口而出了。

许多文案会把力气花在词汇的特殊性、结构的对仗、押韵强迫症或者我不擅长的谐音和双关上，好让文字更优美，更有可看性，我只能说，根本完全搞错重点。因为你写的是广告，你有必须传递的讯息，我的建议是别急着求好心切，麻烦"先求对，再求好"。就像 Murphy 常挂在嘴边的（多半是骂人时）"请讲大白话"，先认真想清楚写下一句最简单、直白甚至完全没有文采可言的"大白话"，然后再看看能不能把它改得更美、更好或者还可以怎么换句话说。

你的文字能力应该用在精确地表达意义上，如果想写优美的文学作品，欢迎你去写诗写散文写小说。Murphy 的文字总是浅显易懂，通俗有力，但你可能不知道，原来他高中时期就得过联合文学的短篇小说奖，爱写大白话的他其实是不折不扣的真文青喔！

92 | 标题只有一句，我想贪心一点

平面的标题或者影片的最后那句话要怎么写？写什么？

有两种写法：第一种是写 idea，去解释或者说明创意，点题观众你做了什么，你为何要这样做；第二种是写观点，去表达品牌的主张，提出具有启发性的精神、态度或价值观。

下一个问题是：哪种写法比较好？

两种写法都好，硬是要比的话，跟广告讯息必须单一的道理完全不同，最好的写法是两种都要，解释 idea 同时也表达观点，追求最好的标题，就是要这么贪心。

93 | Body Copy 是文案精心设的局

在我文案启蒙期的悲惨岁月，平均一张平面要反复写四到六次，真的算是吃得苦中苦。

国泰人寿的两套系列平面稿是我第一次写长文案，一套四张加起来等于八张，数学好一点的人大概已经算出我总共写了多少版本。写到第二轮左右进入明显撞墙期，我又爱又怕的丸子说要不然她来写，那还得了，我立马举手要她放心我可以。不放心的她，为了指点迷津，死马当活马医丢了一本《如何激发成功创意》在我桌上，她要我先不要写，看看人家是怎么"布局"的。由西尾忠久先生整理六七十年代大众甲壳虫七十多则经典广告结集成书，除了"没有任何一点足以显示这是六二年的新VW，看起来仍然一模一样""看新车之前，先看看他们的旧车模样""三年以后，售价最低的车子最值钱"这些让人一眼着迷的标题，更厉害的是每一篇广告的内文 Body Copy，都让人充满往下读完的兴趣，并且在过程中牢牢记住车厂想告诉你的事。

重点就是"布局"，用一个吸引人的标题引你进入内文，第一句会承接标题，然后下一句又会紧紧扣住上一句，起、承、转、合，带你寻找答案、进入高潮、得到娱乐甚至启发，每一句都不是乱写的废话，都有它被设计的作用和意义。打通任督二脉、功力大增的我，还是被丸子折磨了三四轮，最后用快三个月的时间写完这两套作品，精雕细琢的布局让我获得生涯第一座时报广告金像奖。

这本失传的武功秘籍早已绝版，当年另一位文案同事 Joy 杀到出版社挖出埋在仓库里的最后五本，在下有幸获得其中一本，我不藏私，每每碰到有文案后辈遇上不知如何撰写长文案 Body Copy 时，我就会复印一本丢到他桌上说："看看人家是怎么布局的。"

94 | 小心双关，讨厌谐音

很多文案喜欢用双关和谐音，我会劝你不要用。

语带双关常让人觉得有智慧，用在广告却不适合。原因是广告讲求讯息精准，你的双关想让人读到里头哪一关？或者哪关为主？哪关为辅？会不会搞错重点？这些都很难掌控。

有个例外是广告协会曾以"什么是广告？"为题，邀请每间广告公司做一则平面稿，孙大伟学长在汎太国际也出了一张，画面是非常地道的街景，电线杆上贴着基督教的标语"神爱世人"，右下角是标题：《广告，客户是神》。因为是协会的广告，观者应该清楚主要的意思：这个电线杆上的标语就是广告，而它的客户是神。然后在行业摸爬滚打或略有涉猎的人也不会不懂里头带有讽刺意味的弦外之音：在广告的世界客户是神，他们说了算。这是极少数我接受且佩服的双关撰文之一。

谐音则是风趣或者有点冷笑话式的小聪明，而我绝不会拿它来做广告。不是因为它往往比较 low，一开始我也不明就里，只觉得似乎不妥，后来听 Murphy 说才懂："谐音梗，不会得国际奖。"意思是，建构在某种语言才成立的 idea，并非诉诸普世的人性洞察，自然也无法跨越国界。

不喜欢不代表我不会，在广告工作之外，我甚至还算擅长。奥美集团董事总经理 Lü 吕豊余，有人叫他 Lü Sir（Loser），曾在重要会议中被我的来电打断，我问出来接听电话的他："谁是奥美最负心的男人？"Lü 居然认真想了五分钟后回拨给我抖出两位同事（此处保密），我说都不是。他好奇："那是谁？""就是你呀！"我公布答案。"我？""因为负心男 Lü（复兴南路）呀。"印象中那是他唯一一次飙骂我脏话然后直接挂电话。不过后来他的社群账号，倒是欣然自称"复兴男 Lü"，可见谐音、双关的意思，真是各取所需、难以捉摸，高兴就好。

95 | 写给消费者的情书

很久以前我的女朋友曾经抱怨过，人称金牌文案的我，为什么都没有写东西给她。情书、卡片、纸条都好，没有就是没有，反倒是一天到晚写了一大堆，通通给了消费者。

这当然很不可取，现在我也知道自己错了，但当时百口莫辩、内疚又羞愧的我，脑中竟执迷不悟冒出这样的念头："对了！我应该把那些写给消费者的东西，关于广告的、文案的，当成情书一样认真去写！"这个想法改变了我的文案生涯，带我进入另一个境界，我开始想象消费者是自己追求的对象，思考她在意什么、喜欢什么，该用怎样的口气、语调跟她说话，要怎么逗她笑，如何才能感动她，期待她给的回应，然后再进一步向她表白……

我们每天写文案，那是我们的工作，但我们有像写情书那么认真吗？相信我，如果有，你会进阶为有情感、有温度、有魅力的顶尖文案。

我要谢谢她，提醒我把广告文案当成写给消费者的情书，当然还有不要忘了像写文案一样认真地写情书给自己喜欢的人。

96 | 演员的自我修养

身为一个文案,我常头疼要怎么写自己买不起的高级汽车、没住过的豪宅与顶级酒店,不敢碰的炸鸡、烤鸡、滴鸡精,羡慕却未曾拥有的亲子生活,或者退休甚至死后的种种体悟。梅尔·吉布森在电影《男人百分百》中饰演的男性广告创意人,为了了解女人在想什么,无所不用其极地尝试除腿毛、穿丝袜甚至使用卫生棉条,真的十分传神。

文案,跟演员其实没两样,只是我们用手中的笔和文字在演戏。人物、角色、个性、时代、背景、关系、风格、语气,你会遇到各式各样与你生命经历截然不同的挑战,而你要做的就是"入戏",千里之外写得宛如亲临现场,恋爱 loser 写得好像两性专家、情场老手,堂堂男子汉写得仿佛"大姨妈"真的每个月都来,天生对酒精过敏写得以为在苏格兰酒厂出生长大……

想要演什么像什么,对外你必须找资料、做功课,通过大量的观察、阅读、搜寻甚至田野调查,尽可能汲取相关知识;对内则是要挖掘自我,试着找出本身经验、特质中与题材联结的地方,哪怕只是一小点,放大它、延伸它或转化它。然后就是不断地感受、揣摩、排练、演绎、修正,直到你的(文字)演出可以说服人、打动人。

为了成为一流文案，我下定决心要精进演技。我的偶像周星驰在他最经典的半自传电影《喜剧之王》中每天夜里在床上读的那本斯坦尼斯拉夫斯基《演员的自我修养》，厦门办公室的文案大春特地买了只在大陆有出的简体版送我，既是致敬我们的共同喜好，也是文案的自我修养。

97 | 好文案前面不用加资深，就是写好文案

有些创意人，特别是年轻一辈的很在意 title 这件事，创意工作的职位很简单，不像客服 AE、SAE、AM、AAD、AD、GAD、BD、VP、GM、MD……令人目不暇给、眼花缭乱，尤其文案 COPYWRITER 往往看着同期的客服伙伴连升三、四、五级，自己却还在原地踏步，难免会比较、会心急。"起码先升个 SENIOR COPYWRITER 吧？"这样的呼声或者迷思四起，奥美的创意部却反其道而行，在 2021 年正式取消了资深文案的头衔，并且把 COPYWRITER 改成无所不写的 WRITER，理由正是为了凸显好文案无可取代的价值，让他们对这个最简单却也最不简单的 title 感到骄傲。

你是一个怎样的文案，看你写了什么文案就知道，跟前面有没有加 SENIOR 半点关系也没有。好的文案会让你被看见、被喜爱、被尊敬，而且不用你四处张扬，自然有人会知道。*The Copy Book* 一书收录了全球三十二位顶尖 WRITER 的故事和他们撰写的经典文案供世人膜拜，我的前老板 Eugene Cheong 被誉为世界前十名的英文文案，他为《经济学人》杂志撰写的平面文案，被当时还在世的大卫·奥格威亲笔写信赞美并道贺。

我很景仰的前辈林桂枝从香港到北京奥美担任 ECD 时因为

看到我在台湾写的 Mercedes-Benz R-Class 文案说想认识我,"每个女人都想上我的车,但我把位子留给家人了"。我还请 ART 故意把换行做在第一个"我"之后……这个标题还被大陆某广告社群媒体评为汽车华文金句。《全联经济美学》拿过许多文案奖,有人说里头金句频发,我喜欢在课堂上或演讲时播放,观察人们的反应和喜好,其中当时还是文案的创意总监许力心写的"养成好习惯很重要,我习惯去糖去冰去全联"总会让人扑哧一笑。阿力不只超会写,还特爱喝手摇茶,这句我自问写不出来,不过轮到"知道一生一定要去的二十个地方之后,我决定先去全联"时就是直接笑出声音了,这一句正是小弟我写的。

从没当过 SENIOR COPYWRITER 的我现在名片上 title 是集团创意长／文案 CHIEF CREATIVE OFFICER ／ WRITER,我以身为文案为荣,我写好文案,我是好文案,前面不用加资深。

到现在我还记得大二主修"电视原理与制作"拍的第一支作品《领悟》完成播映时,身上起鸡皮疙瘩(不是掉满地)的感觉。

98 | 做好广告影片的关键是……时间

广告影片的特性是什么？这样问，大部分人会抢答声光电、动态的视觉，或者可以搭配声效、音乐、旁白，传递更多的讯息和情感，但真正的答案其实是"时间"。

我也是在工作几年后，阿桂和 Murphy 不约而同分享来自某个广告大师（抱歉我真的忘了是谁）的见解，才搞懂这点的。影片拥有一定的时间，5 秒、15 秒、30 秒、60 秒、90 秒、3 分钟或更长，时间是流动的，从第一秒到最后一秒，创作者可以决定观看者阅听的过程，"如何安排这个过程"就成为好与坏的关键。

把一支 CF 当成一出戏剧来演，透过时间和过程的酝酿，营造一个高潮，揭露讯息，然后收尾。道理很简单，没有人会在电影一开场，或是连续剧第一集，就告诉观众结局是什么。幸运的是，我知道这件事之前就还算是个"会做影片广告"的创意，我想原因在于我爱说故事，而起承转合、埋哏、卖关子本来就是说故事的不二法门。

所以我非常害怕，也可以说感冒，有些品牌规定 Logo 或商品必须在 TVC 的前六秒内出现，坦白说我觉得很蠢，Logo 或商品必须在最适合或最高潮的时点出现，而不是规定时间。

虽然觉得没必要举例，看看经典、得奖的广告片，几乎全是依循这个时间法则，但还是忍不住说说拿下戛纳金狮的 AXE LYNX 体香喷雾 *Because You Never Know When*：清晨的阳光洒进房间，男女在床上醒来，开始一路从楼梯、门口、街道、马路、码头、公园、红绿灯到闹区，穿起他们的内衣、裤子、上衣、袜子和鞋子，最后回到前晚彼此一眼瞬间看对眼、天雷勾动地火的超市生鲜货架前，结语是"因为你永远不知道什么时候会遇到"。所以记得事先喷香香……这故事要是倒过来说，那个创意铁定会被我轰出房间。

99 | 监拍的时候，想象"如果我是导演……"

广告创意花大把时间在片场监拍，那监拍时到底要干吗？

许多人坐在"客户区"，用笔记本电脑处理公事、看杂志、吃零食都算好的，也有聊天谈心的，太大声还被制止，或者因为客户上身、主观偏好在那边无谓地要求场景陈设、画面 layout、演员发型、产品角度等根本就是妨碍拍摄公务的行径……都不是去监拍应该做的事。

我的习惯是，把自己当导演。不是说三道四抢当老大去干涉导演，片场有片场伦理，导演最大，既然任务交给他，就请完全尊重。我指的是通过 monitor 去观察、检视、记录并设想，如果我是导演，这个镜头拍成这样达到目的了吗？有没有不足之处？还要尝试什么可能性？如果我是导演，镜头与镜头之间该如何串接？能不能顺畅、完整地联结、组合？会不会缺少什么？要不要补个备用角度、尺寸？如果我是导演，想用什么音乐或节奏去说故事？这跟目前的拍摄方式吻合吗？如果我是导演，哪些重点因为太忙太累太多事被我不小心忽略了？我跟广告创意要前往的地方是否一致？没走偏吧？

一旦这样换位思考，监拍就会变得非常有趣。在心中训练自己做一个导演，不是跟导演 PK，而是让自己成为导演拍摄时的提醒者或后盾，在导演视野没有觉察或注意的盲点，适时提出有用而关键的建议，其实，也是在保护自己的作品。

  我的第一位 partner 黄维俊，监片时会用手机翻拍 monitor 里的画面，在拍摄结束前，现场剪接出一个超 A copy，看看好不好？哪边要加强？有任何疏漏吗？……这是我尊称他为"阿俊师"的一个理由。

100 | 你对配乐应该要很有意见

十个创意人有十一个喜欢听音乐，多的那个是其中有一位听了两人份，还有许多创意人甚至自己创作音乐、玩乐团。但是不知道为什么，大部分的创意人最后都把音乐"交给导演决定"，甚至还有人把决定权给了客户。

你爱音乐，你懂音乐，你有你的音乐品味，最重要的是，这是你的创意、你的脚本、你的故事，你比谁都知道应该要配什么样的音乐。

你的创意就是这样了，片子拍出来也就这样了，但是相信我，配上不一样的音乐结果绝对不只是这样。电影《曼哈顿恋习曲》中，同是音乐人的男女主角漫步在夜晚的纽约街头，通过"音源分享线"交换彼此的音乐清单，Dan 对 Gretta 说："这就是我喜欢音乐的原因，即使一个最平凡的景象，刹那间也都意义丰富了起来。"的确如此，导演用巧妙的手法像做实验一样证明了这件事——音乐的魔力，观众眼前是相同的一幅景物、画面，随着耳中音乐的转换，不管从这首到那曲、从快拍到慢板、从平静到激昂、从摇滚到爵士……都会神奇地变得完全不同而美丽。

好的配乐能带你上天堂，不好的配乐甚至可能带你下地狱。所以拜托，你应该对配乐很有意见，你可以在发想创意的时候就准备好参考音乐，你可以坚持和导演选择不一样的音乐版本，你可以要求导演"还有没有更好的音乐选择？"你可以自己去找你认为适合的音乐，你可以动手把不同的音乐配上去试试看，甚至你可以 brief 朋友就着画面用钢琴帮你重新弹奏，你可以勇敢告诉客户他决定的音乐是个错误……这些事我都做过，因为你的创意最后配上什么音乐，真的很重要。

101 | 最适合的对象，
是最爱你的那个人

别怀疑，这是创意工作心得报告，不是恋爱关系攻守守则。我要说的是，最适合合作的对象，是最爱你创意的那个人。

一件作品的诞生，通常不是广告公司的一个创意人或一组创意 team 就能独立完成的，我们需要外部不同专业的合作对象，可能是导演、摄影师、插画家、设计师、工程师、策展人、艺术家、音乐人……找到那个最适合的人，几乎是创意执行成功与否至关重要的环节。

但这真的不容易，尤其面临"对与对"的抉择时更是难上加难。许多创意靠着打探名声、看作品集、介绍牵线、熟悉度或习惯性，甚至单凭感觉就想要找到那个 Mr. 或 Mrs. Right，结果往往事与愿违，不如去占卜还好一点。我也曾一度为此所苦，后来我想起刚入行的时候，每次要找导演拍片，我的老板都会约两三个不同的人选见面聊，说法是想听听他们对脚本的理解和感受，有什么想法或 treatment，其实是要看看气味合不合、频率对不对，或者，谁最爱我们的创意。我决定如法炮制，见面聊、找真爱，事情远比想象中简单，他爱不爱、有多爱，他的眼神、表情、话语、动作都会清楚告诉你，一目了然，藏也藏不住。然后请相信我，爱会点燃热情让他把所有的时间、心力都给你，爱会激发潜能让他变成超级赛亚人。

  《UNI-FORM无限制服》在找设计师时，原本几乎谈定了一位各方面条件都很棒，也很喜欢这个计划的人选，后来有位设计师因为人不在台湾所以回复晚了，但他传的讯息是"我超爱，我想做"。我们相见欢，我在他眼睛里看到满满的爱，当下决定非他莫属。他就是大名鼎鼎的ANGUS CHIANG，我们遇到的天使，他为UNI-FORM精心设计了不止一套而是一整个系列的制服，几度陪我们去板中对校长、学生会提案，一手包办打版、制作、定装到生产，情商到优秀的时尚摄影师、导演参与型录和主题片拍摄，出席记者会，还亲自筹划在台北时装周登场的Playground大秀，而这一切分文未取。

  另一个例子是我执导十五影展《跳舞吧 牧牧》时，合作的剪接师淳馨不是我选的，而是波谷制作安排的。在她开始动工前我们见了面，除了谈脚本、顺素材，我把从前置到拍摄过程中遇到所有不可思议的神迹事无巨细地告诉她。"我觉得一定是有一位创意之神想要我们好好地说出这个故事，现在这个重责大任就交到你手上了。"我一边说，一边看到她的眼里充满爱，我把她变成那个最适合的人，最后她剪出了神一般的完成品。

影片 | 211

102 | 老天爷给的，就是最好的天气

以前的我和大部分创意人一样，每次拍片前都在担心天气，"请不要下雨""拜托出太阳"，紧张到连觉都睡不好，结果越在意，反而越容易事与愿违。

这样的"拍片日天气情结"一直到我看了纪录摄影大师李屏宾的电影《乘着光影旅行》后才终于化解。片中他谈及与大导演侯孝贤合作的经验，那是拍摄《童年往事》一场眷村场景的戏，搭景、演员和档期的限制让他们只能安排两个拍摄日，原本晴天的设定偏偏遇上台风搅局，当所有人在烦恼甚至开始预备重拍方案时，侯导却说："就拍呀，老天爷给什么天气我们就拍什么，这么大的风雨你发再多水车和风扇还做不出来……"结果那场戏成为电影中最经典的一幕。后来李大师跟导演姜文合作时，在戈壁沙漠只有一周的拍摄计划却不巧遇上沙尘暴，"老天爷给什么我们就拍什么"，他用这个经验说服导演照拍，一样拍出了更有意境的画面。

从此之后，我就豁然开朗了。后来自己当导演在北京拍片，一场男主角在荒凉公路上追着初恋女友坐着高级车离开时奔跑的戏，脚本设定是夕阳斜射把路面染得金黄，我们特别连夜开拔到北边的张家口要把清晨当黄昏拍，据说那里一年下雨不超过十

天。大伙儿在车上休息等天亮时，车顶突然传来噼里啪啦的巨响，我问制片怎么了，他说"下冰雹了"。冰雹变成雨继续下，他们说可以等等看，应该有机会出太阳，但下了两小时没变小而且后面还有满满的拍摄 rundown。我问摄影师山哥胡世山，这样的天气条件机器能作业吗？他说没问题，我就很帅地说："老天爷给什么我们就拍什么，拍吧！"最后改以灰茫萧瑟的雨中跑步追车作为影片的结尾，感觉竟意外地完胜当初的设定。

我再也不担心天气了，因为老天爷会准备最适合的天气给我。但说也奇怪，之后我当导演拍片，就常常遇到下雨，甚至怀疑自己成为剧组避之唯恐不及的"雨神"。《第二人生》MV 中 Ralf 的裸奔得在不到十摄氏度的大雨下进行，《成名在望》里八个乐团的行走和月台集结大合唱通通在凄风苦雨中完成，不过这些天气都像礼物一样为影片的情调加分。小男孩乐团的《事过境迁》第一场戏在大屯山一样下着雨，还起大雾到连要拍摄的湖都看不见了，好在准备开机时老天爷给了一道光，不偏不倚打在男女主角的脸上，连灯光师都说自己打不出这种光。

放心吧！不管晴天、阴天还是雨天，老天爷给的，一定都是好天。

103 | 上帝写的脚本

发展影片创意的方法，除了自己创造故事，很多时候"真实故事改编"也是不错的途径，而且往往会有出乎意料的感动和效果。

我一直以来的老板，台湾奥美首席创意顾问胡湘云绝对是这方面的大师，大众银行《母亲的勇气》和《梦骑士》都是改编自真人真事的经典作品。我一直很好奇真实故事为何经常能打败虚构故事，除了可能是"真"所伴随而来的意外反差会将戏剧性和情感放大，湘云的说法给了令我最信服的解答："因为这是上帝写的脚本。"创意想都想不到。

真是太完美的脚注，如果创意发想是一种在既有元素之间搭桥的联结术，那么只要能够找出我们要解决的问题或要传递的主张与这些故事之间的关联性，再加入叙事、文案、美术的专业和技巧去抛光优化，天啊，我们岂不是就可以与上帝携手创作了吗？

104 | 影片不死

回顾二十多年的从业生涯，前几年的工作内容几乎不离所谓的传统广告，包括影片、平面、广播和OOH，其中影片的比重甚至一度超过百分之八十，伦哥和阿力还算过本组竟连续两年都拍了超过五十支广告片，要说我每天都在想脚本、拍片也不夸张。近年来因为网络、社群的发展，媒体生态、消费模式的改变，电商的兴起，大数据、AI甚至现在当红的（也是令我特别反胃的）元宇宙、NFT一波一波的科技演进，传播的形式、工具、方法、界面不断推陈出新、多元繁衍……事到如今我工作中影片的成分，大概只剩百分之四十不到，而且在持续递减中。

有时我会听到客服同人在背后说"怎么又是影片？""某某创意难道只会想影片……""为什么老爱用影片答题？""影片已经过时了！"听久了，连创意自己都快觉得提影片idea好像有点不好意思。我也发现，新一代的创意人因为养成的关系，普遍欠缺做好一支影片所需的技能、经验，还有最重要的企图心，这一切都让我觉得忧心和可惜。

当然我并不排斥甚至非常拥抱新形态的广告，这些年也持续创造出许多人口中富有实验性的作品，但我必须说，我最钟爱的广告创作始终还是影片。作为最经典、最具代表性的广告类型，影片可以跨越时间、展现美丽迷人的视觉、承载讯息和意义、创造无法言喻的感动，影片能够反映文化和价值观、探讨当代的议题，影片还能影响人心、激励社会，影片里有爱、温暖和希望，影片是说好故事的一切基础。

那些怀疑影片能解决问题的人，是因为没见识过好影片的神奇魔力。那些嫌创意老是提影片的人，并不知道创作一支好片子有多难，那可能是关于创意的最高标准。

当社群影音内容的量大到某种程度时，原本劣币驱逐良币的乱象正在反转，影片的质将再度成为未来成败的关键。崭新的投放媒介与制作技术把影片变长了、立体了，使它们互动了，有了更多令人期待的可能性。而广告和娱乐之间越来越模糊的界限，造就出品牌娱乐的新显学，也为影片创意找到另类出路。戛纳国际创意节依旧坚持把重中之重的 Film Lions 影片类别放在最后一天压轴，以及不管你做了再厉害的 campaign、project，最后你还是得乖乖做一支 case film 报奖影片。这些都说明，影片是不会死的，就像我相信广告不死一样，最起码在我心里不会死，我会一直想、不停做影片的作品，埋头写脚本，跟导演热烈讨论，认真跟拍监片，用心看剪接后期……毕竟当年我之所以会来做广告，就是想做影片呀！

前一阵子湘云跟我说，有时候我们应该叛逆、反骨一点，当全世界都在追求影片以外的东西，我们偏偏就是要做影片，那才帅吧！而且想这么多，会不会其实很简单，只要一支好影片就能解决了。我深表赞同，也想起我的好友、人称平面王的陈自强CK Tan 有次喝酒时聊到他对平面广告的热爱与相信，为了证明平面的力量，帮朋友创立的马来西亚本土猫粮品牌规划传播时，他任性地只做了四张稿子，依照春夏秋冬四季轮流更换刊登在当地的四面户外广告牌上，就这样两年八张平面。好的平面，让他们成为销售第一的领导品牌，是不是真的好帅？

105 | Film Your Case

不知何时起，case film 成为创意工作中十分重要的部分，虽然严格说起来，它其实是创作本身之外的东西。不管有没有本末倒置，用一支两分钟以内的好片子，让人们理解并且喜欢上你做的案子，绝对有其必要。

记得一开始我们做得十分吃力，经常被老外嫌弃："你们的创意不错，可惜故事说得不好。""这个 case 很棒，但 case film 很糟。"不服输的我跟伦哥痛下决心，发誓要加倍认真学习精进，有朝一日把我们的弱点变成强项。除了大量观摩国际奖优秀案例，阅读参赛影片整理要诀并进行经验分享，还跑去上如何打造成功报奖案例的课程，但最重要的当然是实作，用很高的标准自我要求，一支一支去做，从中锻炼、检讨并寻求成长。我们越做越好看，终于在一次 4A 创意奖评审时，某位国际评审忍不住跑来问："你们家的 case film 都是发给谁剪的？"他想认识一下，之后也可以发过去。我跟他说不好意思是我们自己做的，他十分惊讶。回公司后我告诉伦哥，我们好像真的做到了！

在此列出我们总结的 tips：

1. 搞清楚 case film 是给评审看的
2. 准备一个好的课题
3. 思考从策略到创意的逻辑论述（必要时修改或重写原本的 brief）
4. 起承转合好好说故事
5. 基于事实但允许适度美化
6. 严禁刻意、浮夸、矫情（明眼人会不舒服）
7. 找出最适当的 result（有没有呼应、解决课题？）
8. 善用媒体报道或社群评论帮作品说话
9. 好的开头＋好的结尾
10. 可以短就不要长（我还听过得奖原因是 case film 够短的玩笑话）
11. 音乐很重要，字形很重要，配音员很重要（甚至会以为是另一支片子）
12. 越早起跑越好（不妨试试想 idea 时就开始）
13. 永无止境地修改

提案

"为确保 idea"不受干扰完好传达,开讲后全程禁用手机、笔记本电脑、平板等通信设备。想把这句话放在 deck 第一页……

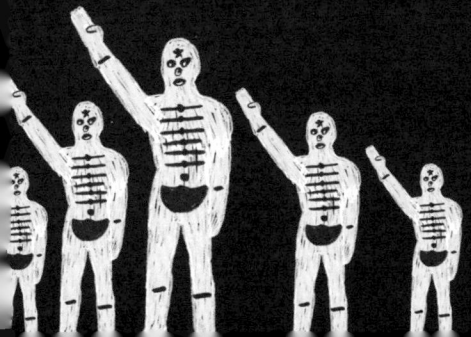

106 | 只有你能保护你的创意

我还是文案时做过一套奥美的形象广告，系列三张，画面是跟人一样大、代表创意的灯泡被凶恶的歹徒残杀，绑在废墟的椅子上淋汽油正要点火、在码头边捆着沉重铁球一起丢入大海、压制在伐木工厂的输送带推向锋利轮锯，标题是《杀掉大创意，就是犯罪》。创意诞生之路充满危险，的确有必要好好保护。

然而丸子跟我说过一句话："只有你能保护你的创意。"我至今深信不疑。客服不会、策略不会，你 partner 不会、老板不会，他们或许有想过，但真正的关键时刻只剩你会全心全意、在所不惜地保护你的创意，因为它是你亲生的骨肉。

大师级的纽约麦迪逊大道广告狂人 George Lois 曾在摩天高楼的会议室抱着稿子打开窗爬上去，以死要挟客户不买单就跳下去（我猜应该是强调决心的玩笑之举），最后成功守住了 idea。

保护创意最好的方法，就是提案。这也是丸子教我的，提案的前一天她会把自己关在房间里，用钢笔一字一句手写明日的讲稿，开场白、洞察与策略的创意转译、如何进入脚本、故事的弦外之音、每一路之间怎么衔接、重点回顾、非买不可的原因、结语……那些 deck 里没有写到的东西，然后 rehearsal 试讲一遍。我依样学样，相同的准备动作一做再做，日复一日，至少千遍以上，如果有人觉得我还算会提案,都要归功于这个好习惯,相信我,它对 idea 充满保护力。

107 | 不是让别人喜欢，是让别人知道你为什么喜欢

可能是想象力的问题吧，许多脚本提案通过时都没问题，拍出来实际看到才觉得很有问题。多喝水《角色交流协会》的片子就是这样：一对夫妻在无人的高架桥上快速奔跑对撞；长老与少年相视坐在巨型地球仪内不停旋转；双胞胎环抱彼此从山坡翻滚下来。"做自己太无聊？"他们执行传说中的灵魂互换仪式……业务同人一看就说完蛋了，又是不良示范，之前有支为了要多喝水用吹风机把舌头吹干的片子，因为有小学生模仿，家长怒告品牌造成许多纷扰，一朝被蛇咬，"客户很可能考虑不上片"，他们要求创意想好明天交片时的说辞。

说辞，或者是话术，真的不是我的强项，我想起看完片罗导告诉我他很希望可以顺利 on air，还说了他之所以喜欢的几个点。于是我坐在位子上，花了一个下午的时间思考"我到底为什么喜欢这三支影片？"把原因一一记下，对我来说这是个奇妙的提案准备经验，以前都是在想"如何让客户喜欢？"倒是从来没好好想过自己喜欢的理由。

隔天南下沙鹿交片时，客户果然提出了疑问和忧虑。"不过我真的很喜欢这套影片！"我开始逐条报告前一天记下的喜欢原因，还有罗导喜欢的那些点，并提醒如果担心可以上警示语，我

无法拍胸脯保证绝对没风险，但我们可以一起承担、管控，这么好的片子如果没能让人看见，不是太可惜了吗？最后客户只修改了几个比较争议的强烈字眼就顺利上片了。

从此我知道最好的话术其实很简单，说说看，你为什么喜欢？

108 | 一个idea我们只卖三次?

奥美有个不成文惯例，一个idea没提过，我们会给它三次机会卖给客户（有些公司是一次），最后才放弃。我一直觉得奇怪，要是真心喜欢的idea，别说三次，三千次我都不想放弃。

大乐透的经典广告《晓玲嫁给我吧》是我前partner Jimmy 王俊源的大作，他说他真心感谢当时的创意总监卓圣能 Door，这点子第一次就被否决，但中间每一次，卓都把它装进提案袋带去找机会就拿出来，客户甚至还拜托："可不可以不要再拿这个出来了？"但创意团队不死心，最后对高层上报通过的提案时，大老板龙心不悦，卓见机不可失又拿出来，将近二十次吧，终于卖过了台湾彩券史上最棒的广告。

我也曾提案七八次没过，最后再试一次一直带着的脚本，没想到就成了，那是 Motorola V3i 的《史密斯夫妇篇》，后来陈宏一导演把它拍得真好。Murphy 说过："不管客户要什么你都提这个，最后他没办法也只能选这个。"球在我们手上，听来像耍赖，其实是择善固执。

最后还是没卖过呢？那就留着明年、后年、大后年……来日方长有机会就记得拿出来，还可以每年稍事修改让它与时俱进变得更好。全联福利中心的《中元节 RIP》历经三年，从一支看不见主角好兄弟的脚本，演变成看得见和看不见不同播带版本，加上按 RIP 会活见鬼的互动影片。《全联时尚潮包》也从年轻人拿着购物袋摆拍、走秀，多年后进化为用塑料袋手工制作各式包包的整合营销体验。经过时间酝酿，媒体、技术还有自身的进步会创造更好的执行条件，你会发现，还好当年没卖过，以及，还好有再卖一次、再卖一次、再卖一次……

109 | 有自信点，他不笑并不代表不好笑

提案时如果听的人有善意回应，比方说点头、微笑、附和甚至流下眼泪，会让你越讲越顺、越演越好。相反地，面无表情、扑克脸甚至连正眼也不瞧你一下，大部分的讲者都会心虚、退缩，最后整个熄火冷掉。

在意听者反馈是自然的事，但千万别被影响太多。记得有次在统一提泡面的脚本，三个方向都是好玩的故事，我很兴奋地从第一支讲起，坐在我对面三名客户正中间那位像木头人一样，脸上没有任何情绪，我有点紧张地进入第二支，他开始低下头去懒得看我，声音都变小了的我硬着头皮用力讲完第三支，他没再抬头跟我有任何眼神交汇，我心想完蛋了，客户铁定不喜欢。会议告一段落我们跟客人一起享用午餐便当，吃着吃着怪事发生了，他突然跟我说："你刚刚的提案实在太好笑了，害我憋得好辛苦，最后没办法只好把头低下去，都不敢看你，要是笑出来我一定会被部长骂死。"哇嘞，原来客户有内规，听代理商提案时绝不能把好恶喜怒表现在脸上，对他们来说这是某种专业。"早说嘛，下次我就知道，你不笑并不代表不好笑。"我就是做自己，很有自信地把自己真心觉得棒的点子介绍给客户就对了。

除了给自己信心，还有一招，其他参与提案的人，没说话的时候

也请记得帮忙点头、附和或者笑出声。协助提案者建立自信,人人有责。

110 | 请勿创造现实扭曲力场

曾经有位客户在交 B copy 时才跟我们说其实他并不喜欢这个脚本,他会买的原因是我们在提案时创造了"现实扭曲力场",大概可以解释成我们的热情、煽动、话术和拍胸脯保证,产生了足以改变意志、决定的强大能量,让他仿佛被催眠或中邪一样,白话文就是我们太会卖。

很多创意以为要很会卖才算会提案,这个以为完全错误。早年奥美的公司守则中明文规定创意只需负责"说明"idea,客服才是负责卖掉它。所以提案的时候真的不要太卖力,我的意思是不要太用力卖,真正好的提案,是恰如其分地把 idea 忠实说明清楚,让客户自己去思考判断,心甘情愿觉得好而买单,并且共同承担可能的变量和风险。

我曾遇过几次,好啦,应该是经常遇到,交片的时候被客户质问"为什么跟你当初演的不一样?"并不是导演没拍好,而是我提案时演得太好,给了客户错误的、过度的期待。我的前老板 Rich 薛瑞昌是我看过最会演的创意(但我保证他为人绝对诚恳实在,只是天生戏精而已),有次我们一起南下统一提柳橙汁的脚本,为了表现品牌用的是充满水分的优质柳橙,Rich 化身果树上的松鼠,表演精挑细选锁定目标后认真地啃食果实,咬断的瞬间柳橙落下，没想到枝干强大的反作用力却将松鼠弹飞出去，惊呆的它一路经过蓝天、大气层直达外太空……又是在会议结束后的便当午餐时间，客人们开始担心询问，松鼠的部分要怎么执行才能确保有刚刚提案时的效果？实拍吗？用卡通动画的方式吗？还是通过 3D 建模？最后客户决定："啊！还是 Rich 你来演那只松鼠好了！"从那天起我就告诉自己，真的，别把演技当成提案技巧。

III | 提案基本礼仪须知

我真心希望听提案的客户能明白，坐在你对面的提案者为了准备今天的内容花费了多少心思，可能想了超过三十个点子，可能反复练习不止八次，可能头顶又长出好几根白发，可能肝指数飙到历史新高，可能错过与女友的周年纪念，可能无法参加小孩的家长日……而其中某个你将听到的 idea，可能帮助你的品牌创造销售奇迹，可能拿到戛纳的金狮奖，可能感动并鼓舞包括你在内的许多人，甚至可能从此改变世界。所以我只拜托一件事，请认真、专注并耐心地观赏我们这场表演好吗？毕竟你也是花钱买票进场的。

我曾经遇到过客户一进会议室就说："快点，我只有十分钟。"既然如此，我就飞快地用了八分钟讲了六支脚本给他听，当然，提案没有通过。也有不少客户可能真的太忙，或者 CPU 效能比较强，喜欢同一时间多工作业，例如回 E-mail、发讯息甚至打手机。某次去大陆提案 Derrick 说到一半"这次我们为品牌规划了一系列全媒……"，客户突然接起重要电话作势要他暂停，几分钟挂断后示意继续，他竟然神奇地直接从断句接上"……体横跨一、二、三线城市的整合传播营销"。如果客户因为别的事分心了、交头接耳聊开了，我会停下来创造一段空白，直到他发现全场变得很安静原来是在等他回来，提案才会再往下。还有最近比较累的客户会闭目养神，我建议不妨很有礼貌地请他"起床"，跟他说声"辛苦了！加油！"某次有位总经理说他只是眼睛没睁开，耳朵都有在听，叫我说吧别管他，后来讲到重点处他不但开口回应还帮忙做 recap，我才知道世间真有这种奇人异事。

科技日新月异，忘了从什么时候开始，提案的时候坐在对面那一排人，经常桌上不是笔记本电脑就是平板、手机，他们视线分配的比重，让我觉得屏幕应该比我本人好看……为此我想了一个 idea，在提案的第一张 slide 放上类似电影开演或航班起飞前那段请勿使用电子通信设备的警示语，既是提醒客户，也是保护创意，更是广告公司重视自己提案内容的表态。

112 | 关于提案的 11 个 tips

1. **好的提案，是保护 idea 最好的方法**
2. **抱着粉墨登场的心态**
   你对每一次的提案都必须无比重视。像第一次约会，你会想，要穿什么衣服，梳什么发型，用什么语气说话……你的肾上腺素会飙升，因为在意，你不只会演出正常，甚至会有超水平发挥。
3. **别管销售话术，思考真正核心的问题**
   你为什么这么喜欢它？（这真的很重要）
   如果没卖过会是因为什么？
   客户为何一定要买它？
   …………
4. **设计一个好的比喻**
   比喻是高级的表达技术，它能帮助人们理解你要说的事，让你的硬道理变得柔软可亲且活灵活现。当然，比喻并不简单，鲜少有人可以神来之笔就信手拈出一个很好的比喻，所以，你必须设计，事前就准备好它。
5. **讲出 deck 之外的东西**
   deck 上的只是大纲、总结，deck 之外还有更多你要说的东西。不要变成一个看着 deck、念着 deck、被 deck 控制的读稿机，甚至最好能够放下 deck，不然你的客户不需要听你提案，他看 deck 就好了。

6. 帮客户建立挑选 idea 的标准

客户脑袋里通常有一个或数个挑选创意的条件，千奇百怪，如果照着走，提案结果有时会意外变成灾难或者以悲剧收场。不妨试试，在提案的前段，你的 idea 往回推，去引导客户今天应该用什么标准挑选创意，有点像挖个洞给他等一下跳入……这一招，往往很有用。

7. 别忘了 OPENING 和 ENDING

简单说就是在创意之前来个导读，之后再做个结论。也可以这样比喻：把客人当爱人，做足前戏还有事后必需的爱抚、情话，好让整个过程更令人满足。

8. 准备好再上

写稿／背稿／rehearsal……不管你有多会提案都要做。

9. 你不爱它，谁爱它？拿出你的热情和信心

要知道多数的客户都是胆子比较小的物种，除了理性的论述，如果感受不到提案者强烈的喜爱和相信，他们是很难鼓起勇气买单、跟你一起跳进去的。

10. **提久了就是你的**

    第一次提案跟第一百次提案甚至第一千次提案之后，你会发现经验值这东西对想创意不一定有帮助，但对提案绝对有百分百的反馈。

11. **做自己，养成个人风格**

    学习别人的同时，千万不要忘记自我，好的坏的都可以保留。当提案的技巧和经验，融合自然的说话方式、语气、姿势甚至口头禅，一个真正有魅力的提案者就诞生了。

吉光

突如其来的灵感从天降临,我伸手抓住片羽,得到幸运的领悟。

113 | 比喻真是高级的表达技术呀！

Apple Macintosh《1984》的经典广告把IBM比喻为用极权监控世界、洗脑统一思想的老大哥，而苹果则是将推翻他的女斗士。我喜欢的泰国草本牙膏TVC，用种族歧视比喻以"色"取人的盲目。全联福利中心则是把来全联购物的行为，比喻成数着节拍天天照做就能省钱的省钱运动。

《世说新语》中谢安问："白雪纷纷何所似？"谢朗："撒盐空中差可拟。"谢道韫："未若柳絮因风起。"两人形状、颜色甚至动态都兼顾，但柳絮、风起的想象与美感更胜一筹。一家人像这样在日常中设题并切磋，会不会太有情调了？对用"比喻"来表达意思的重视，自古可见一斑。

大学时关绍箕老师的"修辞学"是很受欢迎的课，我也爱，而且认真上了，但现在还是觉得可惜不够用功。我喜欢比喻式的广告，让人觉得特别聪明、巧妙，也喜欢说话的时候会用比喻的人。

全联第一年"实在 真便宜"成功后，客户问当时是奥美副董事长的叶明桂："那明年要做啥？"阿桂却说了以前被带去玩柏青哥的故事……忽然间音乐响起灯光闪烁开始掉钢珠，他很紧张问："现在怎么办？"友人说："不要动，钱进来了！"所以明年不要动,我们做跟今年一样的。如此比喻"品牌必须累积",不愧为策略之神。

刘鸿征协理一度犹豫中元节影片要不要做"按下RIP看见好兄弟"的网络互动,当时还是文案的创意总监许力心一句"咸酥鸡没加九层塔,可惜了"的比喻让他拍板定案。

还有一个是我大学同班的二哥张恒泰导演,当年迷上一位新闻组学姊就拜托某学长去打探一下,结果学长就跟学姊在一起了,二哥说:"这就是请你帮忙买便当,结果你把鸡腿给吃了。"能这样用比喻说话,真的好高级喔!

114 | 你不想，我想做广告

我要谢谢"许老板"。虽然我曾怀疑却从没真有过"不想干了"的念头，但他确实给了我能"继续干下去"的莫大鼓励。

有几年经常来我家做水电维修的一位先生姓许，我都叫他许老板。他身材好，喜嚼槟榔，技术一流，负责有礼，有时会带着轻微自闭症的可爱女儿前来工作。某个炎夏午后，使命必达的他正帮我拆除阳台的无用玻璃。看着他大汗淋漓，我送上一瓶冰凉啤酒，开启了我们之间的话匣子。他说一直很好奇我是做什么的，我说广告创意，再补一句"像全联的广告都是我做的"。"我知道，那个很有创意。"他喝完最后一口继续工作，结束了彼此的对话。

当晚十二点，我意外接到他的来电，说下午不好意思多聊，现在喝了点小酒，鼓起勇气打给我："其实我不只是水电工，晚上的时候我也是创意人，我一直有在创作，写诗、写散文。我常常在想如果我想的东西可以变成广告该有多好……"然后他说不好意思打扰我，就先挂不说了。没过多久他竟然又打来："龚先生，我有两个关于全联的 idea 你想不想听听看？"他说了一个全民超市和一个复古风杂货店（这几年全联商品部还真的做了）的概念，虽然不是当时全联的方向，我答应他会找机会跟客户分享，他说真的抱歉耽误我睡觉,就又挂了。没想到还有第三通,他想确认也拜托我会把点子告诉客户:"也许我和你可以像周杰伦和方文山一样,为这个时代创造出一股潮流。"这句之后他说晚安,还保证不会再打来。

挂电话之后,我的感觉不是好笑,而是莫名地感动甚至兴奋,几乎让我整夜都睡不着。当我面对每天工作中那些乱七八糟的事情,当我感到疲累、挫折、失望和无力,当我找不到方向,甚至想要就此放弃的同时,原来,有些人站在门外,他们是如此渴望走进广告的世界却不得其门而入,他们或许愿意大声地说出来,或许只是藏在内心的深处呐喊着:"我想做广告……我想做广告……我想……"我才发现自己何其幸运,我们正在做广告。

那年,觉得力不从心的文案许力心跟我说"不想干了"要离职,我只是跟她说了这个故事:"一样都姓'许',你在做的是他梦寐以求的事,就这样轻易放弃好意思吗?"阿力听完当下就决定留下。是不是真的很励志?

115 | 你不own, 难道要让给别人own?

我们提案时经常被客户来上这么一个大问题:"为什么这个 idea 只有我们能 own?"除了极少数案例刚好有极具说服性的充分理由能证明非他莫属,大部分的时候这一题都会把我考倒。

我一直苦思该如何回答,最后我决定这样说:

我真的不知道为什么耶,
我只知道你不讲你就不能 own,
你先讲了你就能 own,
你 own 了别人就不能 own,
所以就只有你能 own。
你不 own,难道要让给别人 own?

是不是很有道理?

116 跟客户当好朋友

我年轻的时候跟大部分的创意一样,除了开会提案,非常不喜欢跟客户打交道,我把这方面的事归类为交际应酬,应该是客服才做的,甚至自命清高地以为要酷一点、摆出姿态、保持神秘感才像创意。

奥美搬到松仁路90号那年,孙大伟返校演讲,已自己开公司的他提到以前跟我有类似的愚蠢想法,后来才慢慢意识到,一路以来给他生意、创作机会、信任和执行支持的,正是他原本"敬而远之"的客户,而这些人最后都变成了他的好朋友。

大伟的分享让我更明确理解当时自己身上正在发生的转变,我莫名其妙地和客户越走越近,生日、庆功、欢送、吃饭、唱歌、干一杯、喝咖啡、传讯息关心打气或斗嘴互撑、去彼此家中做客……然后我们一起做出更棒的创意。奥美 Global 提出三人共政,由客服、策略和创意共同产出好作品的观念,我甚至建议改成四人共政,把客户拉进来,因为作品好不好,客户真的太重要了,有时根本就是最重要的,因为客户不按钮买单,再好的创意也只是一场空。

当我们从创意和客户变成朋友和朋友的关系,我才能真正了解他,他的烦恼、担心、期望、偏好,而他也才会真正信任我,这份相互的了解和信任，不就是做好广告最重要的事吗？

我期许我的客户都能成为我的朋友，其中几个最要好的朋友，大概是人称通路与谐音鬼才的全联福利中心营销部协理刘鸿征，拥有正宗文青魂的 IKEA 宜家家居营销总监程耀毅 Roxy，他们两人还亲上加亲都是我的大学前后期学长，以及生性浪漫、人如其名像君子般温文儒雅的味丹营销协理洪君儒，而我生涯中做过大部分的好作品，绝对都跟他们脱不了关系。

117 愿意开始教，就会有所学

做创意到一定的时间，一定要分享自己的知识和经验。做人要懂反馈，把从前别人教你的，传承给以后的新血。

可以演讲、教书、写东西，或者工作时的指导也都行。我自身的发现是，不管是不是真的准备好了，分享的时候，获得最多的其实是自己。证据如下，我大概是从开始演讲之后才开始得奖的，30岁回辅大广告系教书那年做出代表性的作品，2015年写完《当创意遇见创意》，隔年拿到台湾第一支 One Show 金铅笔，还有在讨论 idea 的时候，我习惯认真说明每个点子的好与坏、为什么、如何改，有好多次说着说着我们就一起找到了大创意。

因为教别人怎么做的同时，你会更明白自己在做什么。我要去学校兼课前跟当时的董事总经理叶明桂报告，他跟我说："我要替公司谢谢你。"我以为要谢我宣扬奥美，没想到他指的是："谢谢你跟年轻人接触，保养你的脑袋，那是公司很重要的资产。"真是好有洞察见地。

分享与学习都是世上最美好的事情，竟然能一举两得。更美好的是，有一天你教过的人，成为跟你一起工作的人，他们还会教你许多你想不到的事情。

118 | 尽力赢得比稿，输了一样很好

奥美集团的 CEO Daniel 李景宏接任董事总经理那年，曾创下比稿九连败的惨烈纪录，我当 CCO 的头两年也默默算过一共八个有我参与的比稿全数惨败，这对号称比稿常胜军，老是爱用比稿成绩自我评估体质、战力的奥美来说，简直是无法接受的事。

既然要比，当然想赢，广告公司参与比稿时无不使出浑身解数，在有限的时间内压缩所有资源、能量，瞬间释放出绚烂的大爆炸，像发光的萤火虫，也像孔雀开屏的求偶本能，渴望让客户一眼爱上。可惜赢家永远只有一家，用尽全力到头却迎来事与愿违的失败，该怎么办？

拥有丰富失败经验的我，悟出一个道理，我们原本对于比稿的看待，太过于单向、片面了。客户与代理商的结合，应该是两情相悦的过程，不只客户，代理商也在寻找适合的对象，或者可以解释成懂得欣赏、能看见彼此优点的伙伴。如此一来，我们可以把用尽全力、了无遗憾地展现自己最美好的样子，当成是向坐在会议桌对面的客户提出测试、考验，他们有没有眼光？品位好或差？是否与我们气味相投？如果最终的答案是 no，这个客户自然就不是我们要服务的菜，这样互相认识、发现的过程，不也是好事吗？

绝非自我安慰，这个道理根本就是真理，撇开那些台面下的脏污、潜规则、政治和偏见不说，客户与代理商的伙伴关系本来就应该是公平而对等的，可惜行业里很多人并没有体认到这一点。

119 | 剔除杂质，专注本质

有时候你以为是你在教别人，教着教着某一天会突然变成别人来教你。

在为这本心得报告的内容备料时，创意总监阿力跟我说你可以写"本质"和"杂质"，我一头雾水问那是什么，她说是某次她在工作上遇到麻烦难解的问题陷入低潮时，我告诉她的……

"你为什么要来做创意？"我问。她想了一下回道："我想创造好玩，有意义，能够影响人、社会甚至世界的东西（感觉是抄袭我的）。""嗯嗯，这个很棒，这就是你来这边工作的本质，可现在困扰你的，或者你在抱怨的那些人言、情绪、是非、不合理和政治小动作有的没的，跟这个有关吗？"我继续问。"好像没有。"她说。"那就对了，它们通通是杂质，你不该把你许力心的心力，浪费在杂质上，你应该把它们剔除掉，专注在做创意的本质。"

……她觉得十分受用，一直记到现在，我却根本完全忘了自己说过这样的话。我决定把它写下来，一是没想到我这么会忽悠，二是听一听还真的蛮有道理的。

120 红色巨兽奥格威龙的启示

奥美都会送员工一份礼物，其中我最珍爱的，是 2005 年 TB 为大中华区所有办公室挑选的一只红色恐龙，由雕塑艺术家隋建国依照 1999 年创作的"中国制造 Made in China"红色巨型恐龙，为奥美定制的 17 厘米等比例缩小限量版。

这份礼物其实是个警惕，告诫我们这只越长越大的老字号红色巨兽，在 21 世纪的科技时代，必须创新求变、与时俱进，不然就会像食古不化的笨重恐龙一样，逃不过灭亡的命运，最后消失在地球表面，成为史前生物。我替它取了个名字叫"奥格威龙"，郑重其事地珍藏起来。而那个小心别步上恐龙绝种后尘的比喻，也像暮鼓晨钟被我谨记在心。

不得不佩服 TB 的远见，不只是奥美，这十多年来，整个广告产业都在日新月异的数字网络媒体环境中，进行生死存亡的困兽之斗。说到巨型恐龙灭绝的原因，我之前的亚太区创意老板 Eugene 曾经分享过一个 Greg McKeown 发表的，关于企业成长的明显悖论，大意是一开始我们专注在清楚的目标所以能成功，成功之后我们变大并得到更多的选择和机会，变大和这些选择、机会让我们分心，分心的我们渐渐忘掉一开始之所以成功的清楚目标……嗯，完全同意。

但我很怀疑，这样的提醒到底有几个人真的放在心上。就好像年代久远的奥格威龙的意义，随着奥美人的来来去去，似乎也慢慢被遗忘殆尽，很多人看到我房间的红色恐龙还会问"那是什么鬼？"我已经懒得解释了。几年前因为好奇心的驱使，上网搜寻发现这只奥美限定的缩小版 Made in China 流落民间后，在对岸的拍卖平台竟然飙出人民币一万元的行情。我没跟别人说，凭着印象绕行公司一圈，找到两只无主的奥格威龙，不知道是哪两个不识货的家伙离职时懒得带走，就由我来收养吧。

红色巨兽奥格威龙的价值，还有它所带来的启示背后的价值，很可惜，都没什么人当一回事。不过不要紧，我知道、我在意、我记得，我有三只奥格威龙。

（本文是偷懒抄录我和阿力共同出版的上一本书《迷物森林》。）

121 | 我害怕阅读太多的创意人

对创意人来说，阅读自然十分重要，否则湘云不会为天下文化写下令人尊敬的《我害怕阅读的人》。我也害怕阅读的人，但我更害怕阅读太多的创意人，这里的"害怕"有另一层意义，而"阅读太多"指的是看了不必也不用看的广告相关书籍。

饱览群书的孙大伟学长也说过，要做好创意你应该多看书，古今中外各式各样越杂越好，而且与广告无关的书最好，如果真要看广告书，最多十本，他还列出十本书单（可惜我忘了，向身边前辈同人求教也查找不到），但重点不是哪十本而是数量，超过十本就 too much 了。

尽信书则不如无书，就像忘掉武功秘籍，无招更胜有招。你只需阅读两只手数得出来的广告书，融会贯通基本心法，其他就是见招拆招、各凭造化本事了。拜托，千万不要把自己变成我所害怕的读了太多广告教科书的学院风、理论派创意人。

《一个广告人的自白》是"老祖宗"大卫·奥格威写的，不得不推。《怎样做广告》由奥美荣誉出版，我少年时还在上面画重点做笔记，看了就大概晓得怎样做广告。《不守规则的创意》Bob Gill 在大学时期帮我奠定了对创意自由、挑战、不听话的基础信念。《创意》薄薄一本标榜只要三十分钟让你学会做创意，本身就是一个天大的广告。《大创意》向 George Lois 学推翻体制、煽动革命和使用神经毒气。《如何激发成功创意》要谢谢西尾忠久先生整理二十世纪六七十年代福斯金龟车七十多则经典广告集结而成的绝版神书。《文案发烧》Luke Sullivan 用既幽默又感性的口吻带我感同身受,搞懂自己原来在想什么、做什么……我尽力了,七本就好……啊不对,还有这一本《创意"粪"作心得报告》。

我害怕阅读太多的创意人,但我身边却一直珍藏着包括 Advertising Principles and Practice 和 The Copy Book 等几本大部头原文广告书……那是大学时期对孙大伟学长做的广告很喜欢的恩师刘会梁教授的遗爱。退休后仍不甘寂寞的他,经常会来奥美楼下开玩笑要我请他吃饭,除了关心我和其他同学的近况,每次他都会送我一两本他整理出来的书,说他现在用不到了,看看我用不用得到,那些泛黄、斑驳得有点年代感的书,都是认真用功的他在早期信息取得不易时复印装订的简陋版本。谢谢刘会梁老师一路的教导和爱护,所有的知识和心意,我都欣然收下并且一定好好留存。

122 | 左手持矛，右手拿盾。
WHY NOT?

我觉得自己真的很有创意，因为有信心的人比较容易想到点子，我又怀疑自己到底会不会做创意，因为要谦虚才能装进更多想法。我告诉自己不要轻易放过自己，也告诉自己一定要适时放自己一马。最好的 idea 通常是第一时间捕捉到那个神来一笔的快速直觉，而最棒的创意往往需要长时酝酿、缓慢成熟，不停探索，挖掘到最后一刻才会出炉。我会坚持我相信的，创意和说故事是我的专业，我也愿意听客户的话，他们始终是最了解自身产业和品牌的人。对我来说得不得奖很重要，但有没有得奖也一点都不重要。发想、提案到执行都要无比认真，不过请记得太认真就输了。用尽全力去赢得比稿，如果尽力了却不被青睐，也未尝不是好事……

对，这些看似矛盾的事都是我在说的，它们不是语无伦次、自打嘴巴，我也不是双重人格、精神分裂，更不是意志摇摆的墙头草。我不喜欢踩极端，比较偏好走中间，或者在该这样还是要那样的态度立场上，反反复复，依照身体、心智、情绪、环境或资源的不同状况，动态地寻找一个最适当、舒服的平衡点。

物极必反，过犹不及，凡事都有一体两面，相信我，学会理解其中幽微的奥义，就能聪明灵活地运用两面手法求取变通之道，展开加倍包容且富有弹性的创作者生存空间。

身为一个战士，又没人逼你只能带上一种兵器，你可以左手持矛，右手拿盾，可攻可守，能进能退，不要自己互打就好了。这样在创意的竞技场上，我们或许可以活得比别人更久一些。

做人

做人比做创意还难,把人做好,创意自然就好。

123 | 在听你的之前，先听话

做创意最怕乖乖听话，耳背、反骨和有个性的创意人总是特别令人欣赏。但在我的养成日记中，听话倒是十分有用的事。

我这辈子呕心沥血写的第一篇文案，从当年老板丸子口中得到的第一句评语是："你写得很烂。"然后我就在写什么都不对，每天像小学生被老师改作文圈来画去的状态下，度过我的菜鸟元年。我的爸妈可以做证，我天生就不爱听话，所以一开始完全无法适应，后来听 ECD 老杜开导我才恍然大悟，丸子就像我广告世界的娘亲，把我从婴儿车里放到地上爬，到能站起来、跨出第一步、向前走，最后跑起来，一步一步提拔原本什么都不会的我长大成人。真的是这样，创意人，尤其是文案的养成，因为太抽象，既难教更不好学，所以必须在工作中用"师徒制"的方式手把手进行。而师父，只为肯学的徒弟存在。

那些资深的前辈身上，一定有什么专业、知识、方法和经验值得学习。也是后来当主管才晓得，工作又忙又累，自己来多省事，人家却愿意花时间教你，甚至费力气骂你，怎能不好好珍惜、感恩？听话不代表粉碎自我，而是在相信自己的前提下，暂时、换位或者调整频道，空出某个部分去虚心接受"师父"的指正或要求。面对丸子和后来的 Rich、Murphy 我的心态都是：我就好好听话，拼命想，用力写，一定要做到有一天师父半个字都改不了。达成之后，我会带着那个提升的自我，去寻求下一个更高的标准。

有一天人们会听你的，但在那天之前，请先学会听别人的。还有，到了那天，也请记得要更认真地去教别人，那些愿意听你说的人。

124 | 我不再抽烟，也不再喝酒

曾经有位国际广告创意大咖来台演讲，媒体问他："创意人是不是都会抽烟和喝酒，好让自己进入创作的状态？"虽然很抱歉我真的忘了他是谁，但他的回答我却记得清清楚楚："我就不会呀，我不相信被尼古丁和酒精伤害的大脑能想出什么好东西。"

酗酒、抽烟（甚至抽大麻、用药）都是人们对创意人的错误理解，甚至是部分创意人自己对创意人的错误理解。大脑受损之后的状态称为"脑残"，完全无法胜任创意过程中所需要极精密的逻辑思辨、感性想象、语言文字、审美、记忆、沟通和超联结等种种人们简称为"聪明"的能力。记得多年前某个要留下来加班讨论idea的晚上，我建议我老板Rich薛瑞昌，"大伙儿不妨喝点小酒帮助发想"，他觉得有道理就派我和Kurt去买了两支红酒，我们三个加上凤娌和KIT许统杰在当时奥美三楼窗边的会议空间喝完之后，有人脸红，有人头晕，有人乱讲话，还有人睡着了，最后Rich只好决定大伙儿解散回家明早清醒再来。我承认要我不碰酒实在很难，但从那天起我就再也不在创作的时候喝了。

我的前partner王老吉Jimmy Dark常常一边抽烟一边喝酒一边唱着他拥有原住民血统的表弟教他唱的一首很优美但曲名不详

的部落情歌，进入副歌的第一句便是"我不再抽烟，也不再喝酒……"，非常适合拿来提醒必须保护脑袋的创意人。

最后，来个积极转念，不只保护，更要保养脑袋。你可以一直想一直想，其实就是锻炼它。也可以去学冥想，我的偶像大卫·林奇每天中午都会来上一小时。或者可以像我一样开始跑步，你会发现规律、无聊、孤独的有氧运动，除了对身体有益，竟然对脑袋也有帮助。

125 | 在世界的中心呼喊快乐

创意是广告活动发展的核心，除了创意思维的影响力和主导性，创意人员更在其中扮演关键角色，不只重要而已，我们是从无到有整个过程中接触到最多人的那个人。

创意会参加座谈或访问碰到市调人员与受访者；会被策略和客服交付工作，跟组员伙伴不停讨论 idea，发想完成再一起进行内部 review；会去面对客户提案一次两次甚至三次；会跟制作公司及导演 brief 脚本、开制作会议、监拍、剪接、录音和后制；会与摄影师、插画家、音乐创作、技术人员、制造厂商、活动公司、媒体执行或 KOL 等协力单位携手共创……注意喔，创意是里头唯一会与所有角色互动、合作的枢纽，这些彼此不一定会有交集的人围绕着我们，让创意成为广告世界的中心。

我曾经是个愤怒的创意，因为创作时莫名的压力、时间与预算的限制以及无法忍受不完美，时常乱发脾气、翻脸骂人甚至暴跳如雷。2007 年我当 ACD 时想通了这件事情，如果世界真的以我为中心，那么一个愤怒的创意，会感染每一个人，最后只能把大家带往不开心的境地。我决定开开心心当一个阳光的、很 chill 的、有幽默感的创意，我定下了要让在工作上跟我有关系的人都感到快乐的年度目标，气氛会神奇地影响生产和结果，尤其是广告这行，那年开始我们为全联福利中心和多喝水做出了许多好玩的 campaign。

身为创意，你必须一肩扛起重责大任，带头在世界的中心呼喊快乐。当然，我偶尔还是会狗改不了吃屎想要愤怒一下。

126 | 存好心，备好料，做好事，加好友

执导《跳舞吧 牧牧》在阳明山平等里抢到夕阳西下前最后一个镜头收工，我坐在九巴上看着窗外掠过的光景，不可思议地回想着拍摄过程中发生的所有幸运，一个接着一个完美得无懈可击，而且几乎都与我无关，我不知道该怎么办，只能感谢老天爷赏赐的一切，然后告诉自己，一定要好好做人来回报。

除了努力工作、认真学习并且自我要求做一个好创意之外，关于创意中那些神奇到难以解释的机缘、巧合、灵感和直觉，更重要的，可能是做一个好人吧。

我们为全联中元节写的"存好心，备好料，做好事"正好可以参照借用，2020 年 INCEPTION 启艺的策展人 Ocean 梁浩轩还给了一个很棒的建议，在后面多一个"加好友"。存好心，就是心存正念，与人为善，关心社会和世界；备好料，就是充实自己，阅读、观察、记录，通过生活去体验，准备好创作的材料；做好事，就是行善积德，也是告诉自己记得要用广告干些什么"好事"；加好友，就是广结善缘、累积人脉，在身边安置未来可能出手相助或合作愉快的各路贵人。

存好心，备好料，做好事，加好友，然后耐心等待，创意之神必将眷顾你。

127 | 诚实是最上策，也是最好的品格

诚实不只是好德行，更该列入广告人必备的专业，因为它会让你得到客户最珍贵的信任。

我非常害怕所谓广告人的话术，比方"创意昨晚都没睡"（我睡得很饱）、"他们想了一百个 idea"（明明十个都不到）、"我太太听到都流泪了"（你太太不是去巴厘岛了吗？）之类的惊世语录，我替说的人感到紧张、汗颜甚至难过，对面的客户都是在业界打滚多年的老手，谁听不出你在说谎，创意够好客户自然会买单。

全联某年 SP 找罗景壬导演拍了一支脱口秀的片子，由于舞台灯光设定和他惯用的粗粒质感，A copy 时客户担心全联先生的脸看不清楚，客服为了保护创意，情急之下脱口说出："请放心，经过 B copy 特效处理，他的脸会比现在清晰六倍！"我和罗导眼睛张大互看了一眼，林敏雄董事长开口了："你们觉得我的干部都是瞎子吗？明明就看不清楚呀。"我赶紧举手："因为拍摄手法和光线条件的关系，脸的确模糊，但以人们对 Ralf 的熟悉，还有一开始他辨识度很高的声音就说'全联福利中心……'应该不至于不知道是他。""嘿啊，这样说还差不多！"雄哥说。

我的好学弟奥美董事总经理 Derrick 曾致昕年轻时与我和

Jimmy一起出差去LA拍王建民，因为不走运的缘故，他决定隐瞒客户我们下午没事干要去Santa Monica晃晃的事，结果吃完饭后客户突然来电说王提前抵达，害怕行迹败露的我们只好飞车狂奔Ritz Carlton会合，大迟到也就算了，竟被安排重返相同的海边用餐，看着一行人走错路却要假装没来过……一句不敢老实讲的话，得用整晚胡说八道来圆谎。一样是Derrick，长大后我们服务的大陆某服饰品牌总经理对他说："我觉得跟你和大中合作挺愉快，因为你们很诚实，你们不会骗我。"这真是最好的赞美了。

不只诚实面对客户，还请诚实面对作品，诚实面对自己。

128 必须比新闻还真实的例外

撞击试验现场，一辆 BMW 汽车以时速 70 公里朝墙面驶去，砰的一声巨响，车头自然地溃烂、损坏，工作人员上前检查受测物，竟然不是车，而是墙上的一块家具板材……这是我们为欧德家具做的广告，强调板材的坚固耐用。"啊，板子好像不见了！""没有，它还在！""而且真的完好无缺耶！"大伙儿一起紧张、欢呼，终于松了一口气，原因是虽然做过精密的物理推算拥有一定把握，但谁也不知道真的这样撞上去结果会怎样，我们的预算只够准备一台二手车就撞那么一次，没有第二次机会，而且这是一个实证广告，不准有半点虚假，要是板材有什么三长两短，片子也不用上了。现在回想起来，还是觉得当时真的赌很大。

"基于事实的夸大"，这个创意人与消费者之间的默契有一个例外，就是所谓的真人实证广告，一旦运用了这种手法，双方之间的约定立马转为童叟无欺、信用至上。如果真的怎么样，拍摄另一块美术处理过的板材，顺顺地剪在撞击之后不就得了？当然不可以，作为一个品牌、一个广告从业人员或一个创意工作者，这种时候，诚实是我们的天职，凌驾一切，甚至比命还重要。

阿瘦要推销一双气垫健走鞋，客户有数据证明可以绕台湾走三圈都不会坏，他们期待感性诉求。我们的 idea 是"真爱旅程",一个有洋葱的真人实证广告,精挑细选出一对远距恋爱的素人情侣,让男子偷偷从高雄出发徒步走到台北向交往六年的女子求婚,她又惊又喜又感动地答应了,两人拥抱,镜头往下追拍到那双一路力挺他的阿瘦皮鞋。拍摄前一晚在爱河边的旅社 final PPM。在沈可尚导演的说明下我们才发现由于拍摄需求、安全考量和时间限制等种种不可抗因素,男主角哲伟将不会真的全用走的,途中许多路段必须搭车,"这样不是变成假走吗?""怎么可以?"就算有千百万个过意不去、无法接受,开拍在即也只能接受,整个团队照计划陪着他辛苦跋涉一路向北,最后令人紧张的求婚过程在女主角巧双喜极而泣的泪水中顺利完成。

一切可没结束,我和业务 Gino 郭震宇、波谷制片李孟谦事后一起去找哲伟,提出两大理由:一是我们是正派广告商不是奸商,不能容许自己在真人实证广告中有任何造假的道德瑕疵;二是巧双是被他"一路从高雄走到台北"的真心打动才答应嫁给他的,"基于安全考量,部分行程以车代步"是不是有点像爱情骗子?一样是好人的他答应我们,刚好是广告上片那天,他再次穿上阿瘦皮鞋从高雄出发,默默地在我们轮班陪伴下依原路线徒步走完全程,尽管无人知晓。对我来说,这是比创意更重要的真心诚意。

129 | 有容乃大创意

创意的好坏跟做人有关。心胸狭窄、斤斤计较、小鼻子小眼睛的人做不出大创意，我是说真的。

如果说，创意人是一个载体，盛装上天赋予的 idea，那么你的心胸、度量，就决定你可以容纳多少、多大的创意。奥美亚太区首席创意官 Reed Collins 是我的老板，来自澳洲伯斯的他创作过无数伟大作品，2001 年 Fox Sports 的 *Alan & Jerome* 系列影片是那年全世界获奖最多的广告，2018 年 KFC 一套 *Hot & Spicy* 的平面光在戛纳就拿了将近二十只金狮。Reed 不只喝酒海量，曾任奥美大中华区副总裁的苏宇铃安妮学姊就曾经认真地跟我说："我很喜欢 Reed，他是个十分大气的人。"

愿意把成绩与功劳全归给伙伴、下属并让他们被看见的人并不多。在大中华区会议对新上任的全球 CEO Andy Main 报告，还有 Cadre 全球创意年会跟 Global CCO 和 TOP 15 公司创意大头分享作品时，Reed 都在原本他的演讲部分制造机会给我 present 台湾的 idea，我用破英文一面讲，他会在旁边一面发出 great、nice、cool 的赞叹声，讲完还会立刻收到他的讯息鼓励我："Giant，你提得真好！"IKEA *Love Collection* 情人节社群影片是他的点子，我们协助提案卖给台湾客户，做了些落地的小调整并撰写帖子的内容，报奖时我们觉得不好意思所以主动提出不必被放入创作名单，他跟我说："我永远乐意和我的伙伴分享荣耀，而且没有台湾团队这个 idea 根本不可能实现。"还有一次是我们在做《UNI-FORM 无限制服》时一直试图争取能有更多、更大的赞助品牌加入，但受限台湾市场环境和疫情影响进展并不顺利，某个周五夜里他心一急（加上可能有喝几杯）传了讯息给我，语带责难要求我务必把事情搞定，易怒体质的我看了也没客气地回复："拜托请相信所有人都尽力了好吗？很不容易，但我们会继续拼。"隔天早上跑完步回到家正好手机响起，竟显示是他的来电，原本以为"哎，真的很逼人耶！"没想到接起第一句却是"Giant, I'm so sorry."。他要为昨天的讯息跟我道歉，诚心地道歉。他说我们有很好的团队、很棒的创意，我们正在做很有意义的事情，应该觉得幸运、感到快乐……身为老板在醒来看到昨晚讯息的第一时间愿意放下身段打越洋电话来亲自道歉，是不是十分大气？

我想这就是为什么他的创意能量那么强大的原因之一，大创意来自大格局，于是我也经常提醒自己，要敞开心胸，做个宽宏大量的创意。

相信

就算被人用枪抵着头也不许动摇哦!

130 | 你的创意会带你去你想去的地方

我一直觉得，创意就像你的翅膀，能带你去任何你想去的地方，只要你相信，然后勇敢做梦。

你的创意会带你去实现脑海中的画面，带你去诉说记忆里的故事，带你去尝试感兴趣的风格，带你去跟心仪的导演、演员合作，带你去运用新奇的技术，带你去对需要帮助的族群伸出援手，带你去为值得关注的议题发声表态，带你去戛纳拿到梦寐以求的狮子……带你去将愿望清单一条一条 check。

这件事千真万确，类似的案例在我身上，也在许多创意人身上不断发生。举个最简单的证明，奥美创意总监林昭吟一直想去冰岛，于是她为国泰世华银行和长荣航空联名的信用卡想了一支必须在冰岛拍摄的 TVC，然后这支脚本就带着她和组员们一起去了冰岛。我的创意也带我去认识了王建民，还带我去巴塞罗那跟梅西握了手……

你想去什么地方呢？

131 连最小的细节也打死不退让

处女座、完美主义、吹毛求疵、偏执、强迫症……这些都是跟我工作的伙伴常常用在我身上的词语，其实我是双子座，不过代表真我的月亮的确落在处女就是了。

请注意，我说的是工作，或者就是创作这件事，在生活上我真的还好，甚至还被许多朋友认为是过分温和的人，但讲到创意、作品，我就会翻脸变身成另外一个人了。一个 idea 的诞生，从发想、撰写、讨论、提案到执行的过程，其间会遭遇到各式各样难以计数的困难险阻，可能是 partner、老板、业务、客户，或者是合作的导演、摄影师、技术人员、媒体，甚至是社群、消费者，一点也不夸张，仿佛全世界的人都想要杀死它似的，地球真的太危险，而我很清楚地知道，全世界也只有一个人愿意全心全意甚至用生命保护它，那个人就是我自己。

只有你会、你能真的保护你的小孩，你的 idea，那是创意人员的天职。尽管在过程中会成为别人眼中任性、难搞、不合群、无法沟通的混蛋，为了让它长得像你脑海心目中应该要有的模样，你必须坚持到底，一字一句、一举一动、一丝一毫……每一个细节都不许放过。

记得全联福利中心第一支广告片《找不到》剪辑时，我跟导演也是我大学同学二哥张恒泰在剪辑室,为了呈现明明就在眼前却找不到的情景,我坚持每个段落的每个镜头里都要出现全联福利中心的招牌,好让消费者也通过视觉进入这样的荒谬夸张中,但他觉得那样很蠢,打死不从。我趁他去上厕所时,立马坐上导演位子要求剪接师照我的想法修改(拜托请勿模仿,这是因为我们真的很熟),他进来看到,气得快昏倒还飙骂我是他见过的"最大块头的唧歪人",再看了两遍后他接受用我调整的版本,结果它拿了时报广告金像奖的全场大奖。据闻类似的情节在 David 龚导演的剪辑室也发生过,有个客服做了类似我干的好事,不同的是最后他被 David 龚海扁了一顿。

  传说在台湾创意最富生命力的蛮荒年代,前辈孙大伟和林森川讨论 idea 意见不合,就是"单挑"决定,听起来很扯,但以他们对创意的热情和绝对,我认为可信度极高。你一样可以选择做个很优雅、很绅士或者很淑女的创意人,不过千万记得一旦有人危害你的小孩,别怕脸红脖子粗,就算龇牙咧嘴、大声咆哮都行,甚至冲上去大干一架,一定要义无反顾、在所不惜跟他拼了。

132 | 敬，伟大的客户

在广告公司内部常听到："我们要教育客户。"（坦白说我年轻时偶尔也挂在嘴边。）我越来越觉得这句话真的有点不知天高地厚。许多我们服务的客户都是历史悠久、理念卓越、观点独到而且功勋彪炳的品牌或里头的主事者，身经百战的他们自有可敬之处，别说教育，学习都来不及了，NIKE 就是其中的例子。

Just Do It 的品牌精神、文化资产不用多说，早已成为整个行业的典范。服务 NIKE 十多年的过程对我来说就是那种痛苦并快乐着的痛快，每个案子都得面对"眼睛长在头顶上"那种极高标准的严格挑战，像越级打怪，像解锁技能，像潜力激发，也像出国进修，在艰苦奋斗中获得成长所需的宝贵经验值。

因为 NIKE 的鞭策加持，我曾为 SBL 篮球联赛写下"伤口不会痛一辈子，但输球会"的难忘文案。在那之前我协助客户以"每一战，都是决战"的定位口号赢得 SBL 篮球联赛主办权的招标案，开幕赛的第一波主视觉运用在全二十头版报纸稿和场馆内的巨幅吊挂广告牌，标题是《做对手的死神》，视觉灵感来自一张 Michael Jordan 头披毛巾只露出侧脸和鼻子弧线，静静独坐场边观战的经典照片，气氛肃杀，像极了罩着斗篷的死神。

我们通过的提案沿用画面中飞人的全白毛巾，并找来中华队当家中锋刘义祥担纲演出。但在执行前，某位客户要求将毛巾改成当季贩售的条纹款式，原因是希望能与销售挂钩，以及担心白色毛巾有"披麻戴孝"触霉头的不祥感。"条纹斗篷的死神成何体统？"我们抗议无效，拍摄在即只好白色、条纹两款都拍，把战线拉长，看到成品后再来力争。没想到那位客户将两张稿子拿去做内部调查，在有点引导式的提问下获得一面倒支持条纹版的结果。

眼看我们就要做出史上第一个披挂条纹斗篷的荒谬死神，在最后一场关键会议中，时任 NIKE 台湾总经理、待过奥勒冈总部的香港人 Jasmine 挺身而出主持公道，她力排众议同意用白毛巾版的死神，并要求那位客户未来不准再在内部进行任何形式的测试，因为 NIKE 相信所有品牌营销人员和广告代理商的专业和经验，这个团队应该被赋予绝对的创意空间和决定权。NIKE 终究不愧是 NIKE，关于"披麻戴孝"她补上一句："刊登之后有任何问题，我来扛！"留着短发、个头娇小的她，顿时成为我心中的巨人，这真是值得尊敬、学习的伟大客户。

《做对手的死神》获得球迷与球员的广泛回响，并成功垫起了 SBL 赛事的高度，拿下当年时报广告金像奖平面类的金奖。上台领奖时我的感言很简短："谢谢 Jasmine 让我们用全白的毛巾。"

133 | 搞清楚你的广告是做给谁看的

有些创意人做广告是给自己看的,那叫自嗨,做给老板看的叫揣摩上意,做给客户看的叫混口饭吃,还有很多是做给评审看的,那叫观念偏差。

我们做的广告是给消费者看的,活生生、会笑会哭、有血有肉有灵魂的人,与他们沟通、开启对话并产生互动,我们要娱乐、感动甚至启发跟我们生长在同一块土地上的可爱人群。

资深创意总监吴至伦当年来面试时,我问他原本待的公司无论创意空间和成绩也都很棒,为什么会想来奥美?伦哥说他之前做的得奖广告好像都只有创意奖的评审在看,他想来跟我们一起做那种能真的被人们看见、让社会有反应、造成话题甚至轰动的广告,后来他的确做到了。

奥美印度创意教父 Piyush Pandey 拿过的狮子早就已经数不清了,他在坎城创意节演讲时却说:"不要在戛纳成名,要在你自己家乡的街上成名。"点头佩服的同时我觉得倒过来说也不错……在你自己家乡的街上成名,然后你会在戛纳成名。

134 | 天天跑步，是我的创意诀窍

想让创意变更好，我会建议天天跑。一定有人不信，但我还是乐于分享亲身体验，跑步真的对我产生莫大帮助，没有跑步，许多我的创作可能都不会存在。

很难统计到底有多少文案、画面、洞察、点子、情节或故事是我在跑步中想到的，总之就是超级多。我常形容每天早上我跑出去，都会在路上捡到三个天上掉下来的 idea，然后一回家就赶快记在本子上。听起来很像詹姆斯·韦伯·扬《创意》提到的"放空"再"顿悟"的过程。我却发现我和许多专业跑者一样，跑步时其实无法放空，而是有各式各样的念头、思绪从内在深处冒出来，从四面八方撞过来，身体反复规律的运动，却让心智更加宁静澄澈，进入我称为"跑动式冥想"的状态，能找出原本想不透的答案，并抓住稍纵即逝的灵感，一小时的跑步，往往是一天里最有思考质量的时光。

再强的跑者每天还是得克服"不想跑"和"停下来"的心魔，最后跑完设定的目标，发现"我可以""我做得到"，昨天、今天、明天……天天证明一次，所以，跑步根本是一种自信培训计划，跑步的人相信自己，相信自己想得到 idea，对创意十分重要。而意志力、坚持和纪律这些与跑者相关的词语，正好也是许多优

秀创作者的共通特质。

王建民说过,站在红袜芬威球场投手丘面对满场震耳的叫嚣声,能把因为紧张甚至害怕而直线加速的心跳和呼吸稳定下来,将球投出去,靠的就是日常跑步的有氧心肺训练。跑步,让你拥有一颗强大的心脏,去对抗发想创意的压力、焦虑,或者提案时难免的怯场。

准备一双跑鞋开始跑吧!就算我说的都是大话,都没发生,最起码身体健康也有助延长创意生命。

135 | 浪漫

少数两个字就够，不用多说的标题。我不知道我算不算浪漫，但我喜欢浪漫的人、事、物、情感、记忆、想法……而且我觉得客户和消费者应该也没有道理不喜欢。

我想说的浪漫，不是爱来爱去那种情调，而是一种情怀。它可能发生在创意发想、工作过程、伙伴关系或者团队运行中。

历经一年波折完成的威士忌广告，故事开头男生在雨中对女生大喊："Nicole，对不起！"为何是 Nicole？Brut Cake 创办人兼设计师、艺术家邓乃瑄是当时整个过程最苦命的客服，英文名字就叫 Nicole，全世界都应该跟她说声对不起。

Waterman 出专辑那年，我们兴奋又紧张地做了精彩的提案，味丹营销协理洪君儒说听完奥美的提案只有两个字——"感动"，他补充说，做广告这么久，如果能留下一张 CD，十年后跟小孩说我们以前出过唱片，会是一件多么浪漫的事。

全联《我的梦想》在深坑店外的草地搭了演讲台，让一百位小人物站上去发表演说"省下的钱想去完成什么梦想？"每个梦想家都渺小却伟大得足以成为三十秒电视广告的主角。

给罗导介绍多喝水《暧昧篇》时他问："为什么他们要坐在河堤，而不是公园、高台或海边……"我有点难为情地说："因为当年我和那女生就是坐在河堤……""喔，那请问是哪个河堤？"罗导后来真的选择回到那个河堤拍摄。

阿瘦《真爱旅程》要真人真事从高雄走到台北求婚，拍摄前夕在爱河旁旅馆最后PPM，我才知道基于取镜、时间和安全考量，许多路段是坐车再下来拍摄。影片完成后我说服主角哲伟，重走一次，我们团队轮班陪走，即使无人知晓。

台湾奥美集团CEO Daniel 李景宏刚当董事总经理那年，我们输掉彩券的重要比稿，加起来九连败，他却请我在公司大会分享当时的脚本 *After Dark*：夜里酣睡的人们做着梦，梦想在额头形成光点，这些光点汇聚、集结，翻过斜坡最终消失在路的尽头，一片黑暗之后，它们化作一颗巨大的太阳升起，天亮了，充满希望，结语是："梦想会带领世界，勇往直前。"原来，他是要借此鼓励大家，他是我见过最浪漫、有情怀的CEO。

总之，我就是特别喜欢浪漫，那些无可救药的浪漫的人、事、物。

136 | 创意部该有的样子

2015 年奥美创意部成立 contenTable，由现在的 ECD 蒋依洁 EJ 领衔组队，尝试以精良的创意能量投入优质社群内容的创作，一方面对外展示火力，一方面对内积累并分享经验。不仅如此，打破既有个人座位格局，让创意人员和所有项目参与者围绕着旧木回收拼板制成的大桌为核心的共创场域设计，也是实验的一部分。

桌桌的成功，为我们在 2017 年进行的创意部空间改造计划提供了灵感，拆掉所有隔间，除了原有的 contenTable，增加了包括 contenTable 2 在内的十张大木桌。概念是要打造一个更像创意部的创意部，一个更欢迎 ACCOUNT 和 STRATEGIST 随时加入一起发想讨论的创意部，一个更有工作感与生产力的创意部。我们为十张桌子命名，规则是依照 contenTable 的组成结构，寻找结尾是 T 的单字，第一个字母小写，最后的字母 T 与 Table 的 T 共享大写，并且写下每一桌的意义。

contenTable
我们产出令人有感、别具意义的内容。

nexTable

不追随 NOW,我们思考 NEXT。

idioTable

只有傻瓜才会这样做,这样才会做出别人做不到的。

forgeTable

忘记,就是一种创意。

impacTable

想象我们是一群研发原子弹的科学家。

momenTable

实时性、时代感,让我们更性感。

everesTable

"因为山就在那里。"

justdoiTable

从说什么、怎么说,到做什么、怎么做。

rebelianTable

太叛逆、爱造反,所以波兰文也拿来用。

experimenTable

没有前例可循,无法预知结果,那就对了。

这些就是我觉得创意部该有的样子,既老派又当代,还有一点未来感,也是我们仍在努力前行的方向。

137 | 谁想要改变世界？我！

"你为什么想要做广告？"

"我想要改变世界……"

这是入行前我的答案，也是闲聊或面试时许多创意人口中的答案。然后，在真枪实弹的广告工作中，因为市场取向、客户包袱和公司机器的种种限制，这样的期待对大部分人来说，却如梦幻泡影般变成天方夜谭。

不管你变了没，我一直没变，我心里那个答案依旧理直气壮，如果问我，我还是会这样大声说。前辈有云："莫忘初衷，全力以赴。"坚持是一种非常具有美感的过程，我们慢慢等待，有一天时机到来。

一切是从 2006 年 David Droga 做的 Tap Water 开始，一件一件透过创意力量改变并让世界更好的案例，像野火般慢慢燃烧扩散直到如今已成燎原烈焰。2015 年 Unilever CMO Keith Weed 在戛纳的演讲 *Marketing for People* 煽动了整个行业，2016 年联合国秘书长潘基文更找来包括 WPP、Omnicom、Publics、IPG、Dentsu 和 Havas 所谓 BIG SIX 的六位 CEO 一起手牵手承诺为达成十七项永续发展目标而努力，场面之盛大让广告人相信自己真的变成什么咖，我们手上握着足以改变世界的力量。

David Droga 在 One Show 论坛上提起 Tap Water 时，那个像小孩子一样心满意足的神情说明了一切。有人说，这是做广告创意最好的年代，我认为那绝不是因为技术的革新、媒体的多元或社群的蓬勃，而是我们的工作内容在本质上发生了改变，那些理念、精神、态度层面的向往正转化成实际作为，让世人开始验证、相信甚至期待广告人可以为这个世界做些什么。所以，如果你深埋在心中的那个答案刚好跟我一样，现在真的就是我们做广告创意最好的年代！

"你为什么想要做广告？"

"我想要改变世界……哪怕只是一点点都好！"

138 | 从头到尾我都是一个做创意的

我成为创意长之后某次被媒体采访，记者问道：在奥美二十年一路从文案、创意总监、执行创意总监做到创意长，现在心态上有什么不一样？我回答她："没有耶，都一样。"接 brief，跟 team 一起想好玩的鬼点子，把它卖给客户，然后做出来，让人们看见，去解决什么、帮助什么或改变什么。我第一天当文案的时候是这样，今天当了创意长还是这样，就是做创意该做的事，做我喜欢做的事，每天都一样。

我当 ECD 的时候有次跟我同学蔡明丁一起做国泰世华 KOKO 电子钱包上市的案子，我们大学常常同组做作业，毕展也是一组的，还记得组名很响亮叫"棒棒堂"，我们是同一天加入奥美当菜鸟文案的，因为在不同的组，后来他还去了别的公司三进三出奥美，所以一直没机会再合作。我们花了两周的时间，发想创意，开会讨论，准备提案，最后卖过了我们都很喜欢的 idea：要推出一系列虚构的时尚精品包包。提完案走回公司的路上我有感而发跟丁丁说，这两个礼拜就好像回到我们念书时一起做创意一样，只是我们提案的对象从学校老师变成国泰金控老板，我们的鬼点子会真的被做出来，而且，我们可以靠这个赚钱。

不管我是谁，坐什么位子，拿哪张名片，我都是一个做创意的，那个我一开始就喜欢也想要做的创意。

龚大中 Giant Kung 作者简介

在眷村玩耍长大的不良少年，念过文林小学、明德中学、建国中学，辅大广告系毕业，打过第四棒中外野手，高校篮球大前锋。

2000 年加入奥美广告成为文案，许多人求之而不可得的创意，幸运地成为他的工作，现任台湾奥美集团创意长。服务全联福利中心、IKEA、NIKE、味丹多喝水、大众汽车、国泰金控等品牌，得过国内外一些指标性的广告奖，2016 年拿到台湾唯一一支 One Show 金铅笔并获选杰出广告创意人，还意外跻身 *GQ* 杂志 Men of the Year 2016，也是 2022 年 *Campaign Asia* 的 Greater China Creative Person of the Year。

在创意人的身份外，斜杠导演、助理教授、作词人、专栏作家和跑者。著有《我在跑步》《当创意遇见创意》和《迷物森林》，以及现在这第四本"据说"原来很不好意思最后还是厚颜写出来的《创意"龚"作心得报告》。

白杰 Chieh Pai 绘者简介

1992 年出生于台湾花莲，过去从事设计与品牌工作，2021 年毕业于英国皇家艺术学院 (Royal College of Art) 插画系，目前为自由工作者，专注于插画与版画创作，擅长通过黑白线条反映日常生活。曾在伦敦、台北、台中及花莲办展，合作客户有台湾高铁、全联福利中心、好好生活等品牌。